国家技能型紧缺人才培养培训工程

中等职业教育物流服务与管理专业规划教材

外贸单证实务

主　编　李增蔚

副主编　袁　峻　孔明霞

参　编　宫晓晖　傅　燕　陆千慧　林　琪

机械工业出版社

本书根据中等职业学校“外贸单证实务”课程的教学特点和培养目标的要求，以教育部《中等职业学校物流服务与管理专业教学标准（试行）》为指导进行编写。针对中职学生在单证课程专业上的欠缺和技能等级上的差异，以项目式训练为基础，通过教材精细化专项训练，真正实现“做中学，学中做”。

本书层次分明，语言通俗易懂，主要内容包括信用证、发票和包装单据、报关单据、海运提单、汇票、保险单据和原产地证书、其他结汇单据，并附有综合实训。

本书可作为中等职业学校物流服务与管理及相关专业的教材，也可作为考证实训教材。

图书在版编目(CIP)数据

外贸单证实务/李增蔚主编. —北京：机械工业出版社，2015.6（2018.6 重印）
国家技能型紧缺人才培养培训工程　中等职业教育物流服务与管理专业规划教材
ISBN 978 - 7 - 111 - 49747 - 9

Ⅰ.①外…　Ⅱ.①李…　Ⅲ.①进出口贸易 - 原始凭证 - 中等专业学校 - 教材
Ⅳ.①F740.44

中国版本图书馆 CIP 数据核字（2015）第 057729 号

机械工业出版社（北京市百万庄大街 22 号　邮政编码 100037）
策划编辑：聂志磊　　责任编辑：李　兴
封面设计：马精明　　责任校对：墨格文慧
责任印制：常天培
北京圣夫亚美印刷有限公司印刷
2018 年 6 月第 1 版第 2 次印刷
184mm × 260mm · 9 印张 · 207 千字
标准书号：ISBN 978 - 7 - 111 - 49747 - 9
定价：29.00 元

凡购本书，如有缺页、倒页、脱页，由本社发行部调换
电话服务　　网络服务
服务咨询热线：010 - 88379833　机 工 官 网：www.cmpbook.com
读者购书热线：010 - 88379649　机 工 官 博：weibo.com/cmp1952
教育服务网：www.cmpedu.com
封面无防伪标均为盗版　金 书 网：www.golden - book.com

前言

物流业是融合运输业、仓储业、货代业和信息业等内容的复合型服务产业，是国民经济的重要组成部分，涉及领域广，吸纳就业人数多，促进生产、拉动消费作用大，在促进产业结构调整、转变经济发展方式和增强国民经济竞争力等方面发挥着重要作用。在经济全球化、信息化加快推进的背景下，发展物流业已成为推进工业化、城市化和国际化，提升综合实力和国际竞争力的重要举措，对于优化资源配置、调整经济结构、改善发展环境、提高经济发展质量等都具有重要意义。在我国，物流从业人员整体素质较低，而且物流教育滞后于物流业发展和国民经济发展的需要，物流专业毕业生的数量与市场的需求脱节。这些问题如果不能解决，将成为物流产业发展的瓶颈，更无法应对经济全球化的挑战。因此，提高物流职业教育水平，深化课程改革，加强物流人才的培养成为解决物流人才缺口的重要措施。

“外贸单证实务”是物流专业核心课程之一，本书主要向学生普及单证知识，使学生掌握单证实用要领，通过任务驱动型教学，熟练掌握各环节操作技能。

本书教学内容建议学时为 72 学时。在课程教学方法上，建议以工作过程为导向，开展任务驱动型教学。通过任务学习，使学生理解并掌握各种票据的格式且能正确使用。建议学时安排如下：

项　目	任　务	建议学时
项目一 信用证	任务一　认识信用证	4
	任务二　审核信用证	4
项目二 发票和包装单据	任务一　缮制商业发票	6
	任务二　缮制装箱单	6
项目三 报关单据	任务一　缮制报检委托书和报检单	6
	任务二　缮制报关委托书和出口货物报关单	6
项目四 海运提单	任务　缮制海运提单	4
项目五 汇票	任务　缮制汇票	4
项目六 保险单据和原产地证书	任务一　缮制保险单	6
	任务二　缮制原产地证书	6
项目七 其他结汇单据	任务一　缮制受益人证明	6
	任务二　缮制装船通知	6
附录 综合实训	附录 A　根据信用证缮制全套结汇单据	4
	附录 B　根据合同缮制全套单据	4

本书共有七个项目和一个附录，由李增蔚任主编，袁峻、孔明霞任副主编，参加编写的还有宫晓晖、傅燕、陆千慧和林琪。

为方便教学，本书配备了助教课件，凡选用本书作为教材的教师均可登录机械工业出版社教材服务网（http://www.cmpedu.com）免费下载。欢迎广大教师加入中职物流教师交流群（QQ 群：170211876）分享教学资源和教学经验。

本书在编写过程中得到了各方面的支持。由于时间仓促，编者水平有限，书中难免有不足之处，恳请读者提出宝贵的意见和建议，以求不断改进和完善。

编　者

目　　录

1

项目一

信用证

任务一　认识信用证

学习目标

【知识目标】

1. 了解信用证开证格式要点。
2. 掌握信用证的含义、特点及种类。
3. 掌握信用证的基本条款。

【技能目标】

1. 能够看懂信用证并对信用证条款进行解读。
2. 能够独立填写信用证分析单。

知识链接

初识信用证

一、信用证的含义及其特点

（一）信用证的含义

根据国际商会第 600 号出版物《跟单信用证统一惯例》UCP600 的解释，信用证（Letter of Credit，L/C）是指由银行（开证行）依照客户（开证申请人）的要求和指示，在符合信用证条款的条件下，凭规定单据向受益人或其指定的人进行支付，或承兑受益人开立的汇票，或授权另一银行进行支付或承兑汇票，或授权另一银行议付。

简而言之，信用证是一种银行开立的有条件承诺付款的书面文件。

（二）信用证支付方式的特点

信用证支付方式有以下三个特点。

1．信用证是一种银行信用

信用证支付方式是一种银行信用，由开证行以自己的信用作出付款的保证。在信用证付款的条件下，银行处于第一付款人的地位。《UCP 600》规定，信用证是一项约定，按此约定，根据规定的单据在符合信用证条件的情况下，开证银行向受益人或其指定人进行付款、承兑或议付。信用证开出后，便构成开证行的确定承诺。可见，信用证开出后，开证银行是首要付款人，开证银行对受益人的责任是一种独立的责任。

2．信用证是一种自足的文件

信用证的开立是以买卖合同作为依据的，但信用证一经开出，就成为独立于买卖合同以外的另一种契约，不受买卖合同的约束。《UCP 600》规定，信用证与其可能依据的买卖合同或其他合同，是相互独立的交易。即使信用证中提及该合同，银行也与该合同无关，且不受其约束。所以，信用证是独立于有关合同以外的契约，是一种自足的文件。

3．信用证是一种单据的买卖

在信用证方式之下，实行的是凭单付款的原则。《UCP 600》规定："在信用证业务中，各有关方面处理的是单据，而不是与单据有关的货物、服务及其他行为。"所以，信用证业务是一种纯粹的单据业务。在信用证业务中，只要受益人提交的单据符合信用证规定，开证行就应承担付款责任。反之，单据与信用证规定不符，银行有权拒绝付款。但应指出，按《UCP 600》规定，银行虽有义务"合理小心地审核一切单据"，但这种审核，只是用以确定单据表面上是否符合信用证条款，开证银行只根据表面上符合信用证条款的单据付款。所以在信用证条件下，实行所谓"严格符合的原则"。"严格符合的原则"是指不仅要做到"单证一致"，即受益人提交的单据的内容与信用证规定的条款一致；还要做到"单单一致"，即受益人提交的各种单据之间也要一致。

二、信用证的种类

信用证可根据其性质、期限、流通方式等特点，分为以下几种。

（一）跟单信用证和光票信用证

以信用证项下的汇票是否附有货运单据划分，信用证可分为跟单信用证和光票信用证。

1．跟单信用证

跟单信用证（Documentary L/C）是开证行凭跟单汇票或仅凭单据付款的信用证。单据是指代表物权或证明货物已交运的书面凭证。前者指商业发票、提单，后者指铁路运单、航空运单、邮包收据等。国际贸易结算中所使用的信用证大部分都是跟单信用证。

2．光票信用证

光票信用证（Clean L/C）是指开证行凭不附单据的汇票付款的信用证。有的信用证要求汇票附有非货运单据，如商业发票、垫款清单等，也属光票信用证。在采用信用证方式预付货款时，通常是用光票信用证。

（二）不可撤销信用证和可撤销信用证

以开证行所负的责任为标准，信用证可以分为不可撤销信用证和可撤销信用证。

1．不可撤销信用证

不可撤销信用证（Irrevocable L/C）是指信用证一经开出，在有效期内，未经受益人及有关当事人的同意，开证行不得随意修改和撤销，只要受益人提交的单据符合信用证规定，开证行必须履行付款义务。这种信用证对受益人较有保障，在国际贸易中使用最为广泛。凡是不可撤销信用证，在信用证中应注明"不可撤销"（Irrevocable）的字样，并载有开证行保证付款的文句。

2．可撤销信用证

可撤销信用证（Revocable L/C）是指开证行对所开信用证不必征得受益人或有关当事人的同意有权随时撤销或修改的信用证。凡是可撤销信用证，应在信用证上注明"可撤销"（Revocable）字样，或载有开证行有权随时修改或撤销的文句。这种信用证对出口人极为不利，因此出口人一般不接受这种信用证。需要指出的是，开证行撤销或修改可撤销信用证的权利，并非毫无限制。《UCP 600》规定，只要受益人依据信用证条款规定已得到了议付、承兑或延期付款保证，该信用证即不能被撤销或修改。也就是说，若装船、议付于接到撤销通知之前，则开证行撤销或修改通知即不发生效力。鉴于国际上开立的信用证，绝大部分都是不可撤销的，因此，在《UCP 600》中规定，如信用证中未注明“不可撤销”或“可撤销”的字样，应视为不可撤销信用证。

（三）保兑信用证和不保兑信用证

按有没有另一银行加具保证兑付，信用证可分为保兑信用证和不保兑信用证。

1．保兑信用证

保兑信用证（Confirmed L/C）是指开证行开出的信用证，由另一银行保证对符合信用证条款规定的单据履行付款义务。对信用证加具保兑的银行，叫做保兑行（Confirming Bank）。

《UCP 600》规定，信用证一经保兑，即构成保兑行在开证行以外的一项确定承诺。保兑行与开证行一样承担付款责任，保兑行是以独立的“本人”身份对受益人独立负责，并对受益人负首要付款责任。保兑行付款后对受益人或其他前手无追索权。

信用证的“不可撤销”是指开证行对信用证的付款责任。“保兑”则是指开证行以外的银行对信用证的付款责任。不可撤销的保兑的信用证，意味着该信用证不但有开证行不可撤销的付款保证，而且还有保兑行的兑付保证。两者的付款人都是负第一性的付款责任。所以，这种有双重保证的信用证对出口商最为有利。

2．不保兑信用证

不保兑信用证（Unconfirmed L/C）是指开证银行开出的信用证没有经另一家银行保兑。当开证行资信较好或成交金额不大时，一般都使用这种不保兑的信用证。

（四）即期付款信用证、延期付款信用证、承兑信用证和议付信用证

按付款方式的不同，信用证可分为即期付款信用证、延期付款信用证、承兑信用证和议付信用证。

1．即期付款信用证

即期付款信用证（Sight Payment L/C）是指采用即期兑现方式的信用证，其中通常注明“付款兑现”（Available by Payment）字样。即期付款信用证的付款行可以是开证行，也可以是出口地的通知行或指定的第三国银行。付款行一经付款，对受益人均无追索权。以出口地银行为付款人的即期付款信用证的交单到期地点在出口地，便于受益人交单取款，可以及时取得资金。所以，这种信用证对受益人最为有利。而付款行为开证行本身或第三国银行，交单到期地点通常规定在付款行所在地，受益人要承担单据在邮寄过程中遗失或延误的风险。

2．延期付款信用证

延期付款信用证（Deferred Payment L/C）是指开证行在信用证中规定货物装船后若干天付款，或开证行收单后若干天付款的信用证。延期付款信用证项下受益人不开立汇票，所以受益人不能利用贴现市场资金，只能于到期日由银行付款。

3．承兑信用证

承兑信用证（Acceptance L/C）是指付款行在收到符合信用证规定的远期汇票和单据

时，先在汇票上履行承兑手续，直到汇票到期日再行付款的信用证。《UCP 600》规定，开立信用证时不应以申请人作为汇票的付款人。承兑信用证的汇票付款人可以是开证行或其他指定的银行，不论由谁承兑，开证行均负责该出口方汇票的承兑及到期付款。由于承兑信用证是以开证行或其他银行为汇票付款人的，所以这种信用证又称为银行承兑信用证（Banker's Acceptance L/C）。

4．议付信用证

议付信用证（Negotiation L/C）是指开证行允许受益人向某一指定银行或任何银行交单议付的信用证。议付是指由议付行对汇票和（或）单据付出对价，只审核单据而不支付对价，不能构成议付。议付信用证又可分为公开议付信用证和限制议付信用证。

（五）即期信用证和远期信用证

根据付款时间的不同，信用证可分为即期信用证和远期信用证。

1．即期信用证

即期信用证（Sight L/C）是指开证行或付款行收到符合信用证条款的跟单汇票或装运单据后，立即履行付款义务的信用证。这种信用证的特点是出口人收汇迅速、安全，有利于资金周转。

2．远期信用证

远期信用证（Usance L/C）是指开证行或付款行收到信用证的单据时，在规定期限内履行付款义务的信用证。远期信用证主要包括承兑信用证和延期付款信用证。

（六）可转让信用证和不可转让信用征

根据受益人对信用证的权利是否可转让，分为可转让信用证和不可转让信用证。

1．可转让信用证

可转让信用证（Transferable Credit）是指信用证的受益人（第一受益人）可以要求开证行授权通知行将信用证全部或部分转让给一个或数个受益人（第二受益人）使用的信用证。

根据《UCP 600》的规定，只有注明“可转让”（Transferable）字样，信用证方可转让。可转让信用证只能转让一次，在总和不超过信用证金额的前提下，可分别按若干部分办理转让，即可转让给几个第二受益人。信用证只能按原证规定条款转让，但信用证金额、单价、到期日、交单日及最迟装运日期可以减少或缩短，保险加保比例可以增加。信用证在转让后，第一受益人有权以自身的发票（和汇票）替换第二受益人的发票（和汇票），其金额不得超过信用证规定的原金额。在替换发票（和汇票）时，第一受益人可在信用证项下取得自身发票和第二受益人发票之间的差额。另外，信用证的转让并不等于合同的转让，如第二受益人不能按时履行义务，第一受益人仍要对合同的履行负责。在实际业务中，要求开立可转让信用证的第一受益人，通常是中间商人，为了赚取差额利润，中间商可将信用证转让给实际供货人，由实际供货人办理出运手续。

2．不可让信用证

不可转让信用证（Non-transferable Credit）是指受益人不能将信用证的权利转让给他人的信用证。凡信用证中未注明“可转让”（Transferable）者，就是不可转让信用证。

知识强化

解读信用证

一、MT700 和 MT701 开证格式

代码（Tag）	栏位名称（Field Name）
27	Sequence of Total 电文页次
20	Documentary Credit Number 信用证编号
40E	Applicable Rule 适用条文
45B	Description of Goods and/or Services 货物和/或服务的描述
46B	Documents Required 所需单据
47B	Additional Conditions 附加条款
50	Applicant 申请人
59	Beneficiary 受益人
32B	Currency Code, Amount 币种、金额
39A	Percentage Credit Amount 信用证金额上下浮动允许的最大范围
39B	Maximum Credit Amount 最高信用证金额
39C	Additional Amount Covered 附加金额
41A	Available with … by … 指定的有关银行及信用证兑付的方式
42C	Drafts at … 汇票付款日期
42A	Drawee 汇票付款人
42M	Mixed Payment Details 混合付款条款
42P	Deferred Payment Details 延期付款条款
43P	Partial Shipment 分批装运
43T	Transshipment 转运
44A	Loading on Board/Dispatch/Taking in Charge at/from … 装船、发运和接受监管的地点
44B	For Transportation to … 货物发运的最终目的港（地）
44C	Latest Date of Shipment 最迟装船日
44D	Shipment Period 装期
45A	Description of Goods and/or Services 货物和/或服务的描述
46A	Documents Required 所需单据
47A	Additional Conditions 附加条款
71B	Charges 费用情况
48	Period for Presentation 交单期限
49	Confirmation Instruction 保兑指示
53A	Reimbursement Bank 偿付银行
78	Instructions to the Paying/Accepting/Negotiating Bank 对付款/承兑/议付银行的指示
57A	Advising Bank 通知银行
72	Sender to Receiver Information 银行间的备注

二、信用证样本

27: SEQUENCE OF TOTAL: 1/1

40A: FORM OF DOCUMENTARY CREDIT: IRREVOCABLE

20: DOCUMENTARY CREDIT NUMBER: 00130010018208A1

31C: DATE OF ISSUE: 130101

40E: APPLICABLE RULES: UCP LATEST VERSION

31D: DATE AND PLACE OF EXPIRY: 130220 GERMANY

50: APPLICANT: DESEN EUROPE GMBH

GIRARDETSTRASSE 2-38, EINGANG.4 D-45131ESSEN, GERMANY

59: BENEFICIARY: MATY INTERNATIONAL CO., LTD.

NO.29 JIANGNING ROAD, SHANGHAI, CHINA

32B: CURRENCY CODE, AMOUNT: USD 9 008.00

41A: AVAILABLE WITH…BY…: BANK OF CHINA BY NEGOTIATION

42C: DRAFTS AT…: 30 DAYS AFTER SIGHT

42A: DRAWEE：DESEN EUROPE GMBH

43P: PARTIAL SHIPMENTS: NOT ALLOWED

43T: TRANSSHIPMENT: NOT ALLOWED

44E: PORT OF LOADING/AIRPORT OF DEPARTURE: ANY CHINESE PORT

44F: PORT OF DISCHARGE/AIRPORT OF DESTINATION: HAMBURG BY SEA.

44C: LATEST DATE OF SHIPMENT: 130210

45A: DESCRIPTION OF GOODS AND/OR SERVICES:

1 600PCS BABYWEAR

AS PER ORDER NO. MY1301 AND S/C NO. MT13008

CFR HAMBURG

PACKED IN CARTON OF 20PCS EACH

46A: DOCUMENTS REQUIRED

+ SIGNED COMMERCIAL INVOICES IN TRIPLICATE INDICATING LC NO. AND CONTRACT NO.

+ FULL SET（3/3）OF CLEAN ON BOARD OCEAN BILL OF LADING MADE OUT TO APPLICANT AND BLANK ENDORSED MARKED “FREIGHT TO COLLECT” NOTIFYING THE APPLICANT.

+ SIGNED PACKING LIST IN TRIPLICATE SHOWING THE FOLLOWING DETAILS:

TOTAL NUMBER OF PACKAGES SHIPPED; CONTENT（S）OF PACKAGE（S）; GROSS WEIGHT, NET WEIGHT AND MEASUREMENT.

+ CERTIFICATE OF ORIGIN ISSUED AND SIGNED OR AUTHENTICATED BY A LOCAL CHAMBER OF COMMERCE LOCATED IN THE EXPORTING COUNTRY.

+ INSURANCE POLICY/CERTIFICATE IN DUPLICATE ENDORSED IN BLANK FOR 120% INVOICE VALUE, COVERING ALL RISKS OF CIC OF PICC（1/1/1981）.

71B: CHARGES: ALL CHARGES AND COMMISSIONS ARE FOR ACCOUNT OF BENEFICIARY INCLUDING REIMBURSING CHARGES.

任务实施

分析信用证

步骤一：

请认真阅读上述信用证，根据 MT700 和 MT701 开证格式找出信用证中开证行、开证申请人、受益人、通知行、启运港和目的港名称、信用证的开证日、交单期、最后装船日和有效期与到期地点等内容。

步骤二：

根据上述信用证，请认真填写信用证分析单相关内容。

信用证分析单			
1）信用证文本格式	[ ]SWIFT 开立	[ ]预通知	[ ] 信开
2）信用证号码			
3）通知行编号			
4）开证日			
5）到期日			
6）到期地点			
7）付款方式	[ ]付款	[ ]承兑	[ ]议付
8）货币			
9）金额（具体数额）			
10）最高限额规定（具体数额）			
11）金额允许增减幅度			
12）交单期			
13）开证申请人（名称）			
14）受益人（名称）			
15）开证行（名称）			
16）通知行（名称）			
17）议付行（名称）			
18）付款/偿付行（名称）			
19）货物名称			
20）合同/订单/形式发票号码			
21）合同/订单/形式发票日期			
22）价格/交货/贸易术语			
23）最迟装运日			
24）装运港			
25）目的港			

（续）

26）分批装运　[　]允许　[　]不允许

27）转运　[　]允许　[　]不允许

28）运输标志 ________________

29）运输方式　[　]海运　[　]空运　[　]陆运

30）向银行提交单据列表（用阿拉伯数字表示）

名称	汇票	发票	装箱单	产地证	提单	空运单	保险单	货物收据	证明信
份数									
名称	检验证	分析证	出口许可证	不可议付提单	质量证	重量证	传真件	船公司证明	其他单据
份数									

备注（分析结果）：

任务评价

序　号	评 价 标 准	满　分	得　分
1	能够掌握信用证的性质和种类	20	
2	能够看懂信用证	20	
3	能够根据信用证找到需要的资料	30	
4	能够准确填写信用证分析单	30	
总　分		100	

理论习题

一、单选题（以下各小题所给出的4个选项中，只有1项最符合题目要求，请将正确选项的代码填入括号内）

1. 开立信用证时要注意（　　）。

A. 证同一致　B. 单货一致　C. 单单一致　D. 单证一致

2. 信用证号码是开证行开出信用证的业务编号，开证申请书中的信用证号码由（　　）填写。

A. 买方　B. 卖方　C. 开证行　D. 通知行

3. 合同中对分批装运及转运没有明确规定，开证申请书中应表明（　　）。

A. 可以分批装运，也可以转运　B. 不可以分批装运，也不可以转运

C. 可以分批装运，但不可以转运　D. 不可以分批装运，但可以转运

4. CIF 合同中对保险金额未明确规定，申请人应在开证申请书中表明投保金额至少为CIF 金额的（　　）。

A. 100%　B. 110%　C. 120%　D. 130%

5. 按CIF术语成交，开证申请书的单据要求中表明受益人提交的提单应有（　　）字样。

A. 运费已付　　B. 运费到付

C. 运费未付　　D. 运费由收货人支付

6. 航空运输方式下，开证申请书的单据要求中需要受益人提交的运输单据是（　　）。

A. Railway Bill　　B. AirWay Bill

C. Bill of Lading　　D. Post Receipt

7. 申请人在向银行申请开出信用证时，需向开证行提交（　　）。

A. 托收委托书　　B. 汇款委托书

C. 托收申请书　　D. 开证申请书

8. 申请开立信用证前，申请人要落实的事情有（　　）。

A. 出口商货物的备货情况　　B. 货物的检验情况

C. 进口批准手续及外汇来源　　D. 货物的进口报关手续

9. 合同表明100%货款通过不可撤销的可自由议付的信用证支付，则关于开证申请书的兑用方式 available with/by negotiation，以下说法正确的是（　　）。

A. 横线上填写 ANY BANK　　B. 横线上只能空着不填

C. 横线上填写 ISSUING BANK　　D. 横线上填写 ADVISING BANK

10. 以FOB贸易术语成交，以下开证申请书的单据要求不合理的是（　　）。

A. 船公司证明　　B. 海运提单

C. 品质检验证书　　D. 保险单

11. 在业务中，涉及信用证的修改，一般是（　　）向开证行提出修改申请。

A. 买卖合同下的出口商　　B. 买卖合同下的进口商

C. 货物承运人　　D. 通知行

12. 合同金额为1 000 000.00美元，支付条件为：30% by T/T，70% by L/C，则填写开证申请书的总金额应为（　　）。

A. 300 000.00 美元　　B. 700 000.00 美元

C. 100%发票金额　　D. 1 000 000.00 美元

13. 以下结算方式中，签订合同后需要进口商到银行办理开证业务的是（　　）。

A. 电汇　　B. 承兑交单

C. 付款交单　　D. 信用证

14. 若合同规定信用证支付，货物装船后30天付款，在开证申请书中的汇票付款期限栏则应填写（　　）。

A. At 30 days after sight　　B. At 30 days after B/L date

C. At 30 days after drafts date　　D. At sight

15. 开证申请人填写信用证开证申请书的依据是（　　）。

A. 贸易合同及《UCP 600》的规定　　B. 一整套单据

C. 海运提单　　D. 商业发票

16. 合同采用（　　）价格术语时，开证申请书应该表明要求出口商提交运费预付的运输单据，并要求提交保险单据结汇。

A. CIF　　B. FOB　　C. CFR　　D. FCA

17. 信用证修改通知书的内容在两项以上的，受益人（　　）。

A. 在接到通知时不能沉默不做表示　　B. 可选择部分接受

C. 必须全部接受　　D. 要么全部接受，要么全部拒绝

18. 合同中规定买方应在 2012 年 10 月 10 日前通过一家卖方可接受的银行给卖方开立不可撤销即期信用证，信用证在装船后 15 天内在受益人所在地议付有效，则进口商在开证申请书中填写的信用证到期地点是（　　）。

A. 开证行柜台　　B. 进口地

C. 出口地　　D. 由开证行决定

19. 开证申请书的兑用方式是 by deferred payment，还必须在其后所接的介词 at 处列明（　　）。

A. 延期付款时间　　B. 空着不填

C. SIGHT　　D. 延期付款人

20. 在进出口业务中，开证行开出信用证的依据是（　　）。

A. UCP 600　　B. 海运提单

C. 品质检验证书　　D. 开证申请书

21. 信用证项下各种单据的签发日期应符合逻辑性和国际惯例，通常（　　）日期是兑用单据出单最晚的时间。

A. 发票　　B. 报关单

C. 装箱单　　D. 汇票

22. 根据联合国设计推荐使用的货币代码国际标准，如下表述不正确的是（　　）。

A. CNY68.00　　B. GBP68.00

C. USD68.00　　D. RMB68.00

23. 某种单据要求的份数为 IN DUPLICATE，其意思是（　　）。

A. 一式十份　　B. 一式五份

C. 一式六份　　D. 一式四份

24. 国际商会第 600 号出版物是指（　　）。

A.《跟单信用证统一惯例》　　B.《托收统一规则》

C.《国际贸易术语解释通则》　　D.《国际标准银行实务》

25. 信用证规定 DOCUMENTS TO BE SIGNED BY HANDWRITING，受益人制单时须（　　）签署。

A. 盖章　　B. 符号表示

C. 手签　　D. 电子证实

二、多选题（以下各小题给出的 4 个选项中，有 2 个或 2 个以上的选项符合题目要求，请将符合题目要求的选项代码填入括号内）

1. 信用证结算下，进口时若使用（　　）术语，应在开证申请书的保险单条款前的括号里打“×”表示选择该项。

A. CFR　　B. FOB　　C. CIF　　D. CIP

2. 根据以下信用证的传递方式，属于信开信用证的有（ ）。

A. Issued by airmail
B. With brief advice by teletransmission
C. Issued by express delivery
D. Issued by teletransmission

3. 信用证支付方式下，进出口贸易合同履行过程中，关于开证时间以下说法正确的是（ ）。

A. 如果买卖合同规定开证时间，开证申请人应在规定的期限内开立信用证
B. 如果买卖合同没有规定开证时间，但有装运期的起止日期，最迟应该让出口方在装运期的第一天就收到信用证
C. 如果买卖合同没有规定开证时间，只规定最晚装运期，一般在最晚装运期前一个月到一个半月开证，以给足出口商备货时间
D. 如果买卖合同没有规定开证时间，该合同无法履行，合同无效

4. 开证申请人在申请书中的汇票条款介词 on 后面填写汇票付款人，根据《UCP 600》，以下汇票付款人填写正确的是（ ）。

A. You
B. Issuing bank
C. Opening bank
D. Applicant

5. 以下信用证开证申请书中的单据条款填写描述正确的是（ ）。

A. 应明确所要求的单据种类
B. 在单据条款中必须明确所需单据的具体出单人，否则出单人均为受益人
C. 在单据条款后填上具体要求，如一式几份，应包括内容等
D. 申请人必须根据合同规定填写单据条款，不能随意提出超出合同规定的要求，也不能降低或减少合同规定的要求

6. 关于开证申请书中的通知行栏，以下说法正确的是（ ）。

A. 此栏一般留空供开证行选择
B. 可按合同卖方要求的通知行填列供开证行参考
C. 必须填写开证行
D. 一般为开证行的业务往来银行或代理行

7. 开证申请人在向银行申请开立信用证时，须向开证银行提交（ ）。

A. 有关合同的副本及附件
B. 开证申请书
C. 开证保证金
D. 开证手续费

8. 填写开证申请书中的信用证金额时应注意（ ）。

A. 按合同约定的凭信用证结算金额填写
B. 一定等于合同金额
C. 合同有溢短装条款时，金额也应有对应比例的上下浮动幅度
D. 币种应与合同币种一致

9. 合同总金额为 USD100 000.00，合同支付条件为：50%货款通过不可撤销信用证支付，50%货款通过 D/P 结算，以下说法正确的是（ ）。

A. 信用证金额应为 USD100 000.00
B. 信用证金额应为 USD50 000.00
C. 为收汇安全起见，签合同时应表明全套货物单据附在托收项下跟单托收

D. 为收汇安全起见，签合同时应表明全套货物单据在信用证项下提交

10. 以 CFR 贸易术语成交时，开证申请书中单据要求不应包括（　　）。

A. 受益人证明　　B. 进口许可证

C. 商业发票　　D. 保险单

三、判断题（判断以下各小题的对错，正确的打“√”，错误的打“×”）

1. 在 FOB 术语、信用证支付方式的进口业务中，开证申请工作一般是在租船订舱工作之后。（　）

2. 受益人在审核信用证时发现有与合同不符条款，可直接向开证行提交信用证修改申请书，要求开证行修改信用证。（　）

3. 按 CIF 术语成交，开证申请书的单据要求中表明受益人应提交保险单。（　）

4. 确定信用证到期日时，应按合同约定的最晚装运日加上合同约定的交单期限来确定，时间不宜早于此结果。（　）

5. 贸易合同是开证行开具信用证的依据。（　）

6. 开证申请书中信用证有效期及到期地点的处理，一般有效期为最后装运日加上规定交单期限，到期地点为受益人所在地。（　）

7. 信用证开证费用一般是开证申请人支付的，在申请人付款赎单后，开证行把开证费退还开证申请人。（　）

8. 开证申请书中未注明最晚装船时间，开证行开出的信用证最晚装船时间视为与信用证的有效期同一天。（　）

9. 合同约定支付条款为即期信用证，进口商在开证申请书中要求提交远期汇票兑用，开证行应按合同约定开立即期信用证。（　）

10. 如果合同中对分批装运及转运没有明确规定，就意味着开证申请书中应表明不能分批装运或转运。（　）

11. 开证申请书中汇票的付款人一般是开证行，也可以为开证行指定的付款行或开证申请人。（　）

12. 开证申请人在开立信用证时应按银行要求缴付一定比例的开证保证金，根据进口商资信情况和交易情况不同，保证金缴付比例也不同。（　）

13. 信用证的通知行一般由开证行指定，在填开证申请书时可以留空不填。（　）

14. 申请开立信用证之前，申请人要落实进口批准手续及外汇来源。（　）

15. 出口商向银行申请开立信用证时必须按合同条款规定填写开证申请书。（　）

16. 如果开证申请书中含有某些条件而未列明应提交与之相应的单据，银行将认为未列此条款而不予理会。（　）

17. 开证申请书中需明确表明卖方应提交汇票，否则汇票不作为必需的结汇单据之一。（　）

18. 按 FOB 术语成交，开证申请书的单据要求中可表明受益人应提交航空运单。（　）

19. 在 CFR 价格条件下，开证申请书中要求受益人提交的提单应标明运费未付字样。（　）

20. 信用证申请书中的 Amount 一定是进口货物总金额。（　）

任务二 审核信用证

学习目标

【知识目标】

1. 掌握信用证审核的依据和基本要点。
2. 熟悉《UCP 600》的基本条款。

【技能目标】

1. 能够根据合同审核信用证，并提出相应的修改意见。
2. 能够根据信用证与合同中的不符点撰写改正函。

知识链接

信用证的审核与修改

一、信用证的审核

信用证的审核严格遵守“单单相符、单证相符”的原则，若受益人提供的单据有错漏，不仅会产生额外费用，甚至还会遭到开证行的拒付。事先对信用证条款进行审核，对于不符合出口合同规定或无法办到的条款应及时提请开证人进行修改，可以大大降低无法收汇的风险。收到信用证后检查和审核的要点如下：

（1）信用证的形式：是否是不可撤销的信用证。

（2）开证申请人和受益人的名称及地址一定要准确，特别是受益人的名称必须正确无误。

（3）注意“三期”即开证日期、最迟装运日、到期日是否合理。所谓的合理是开证日期与最迟装运日之间的时间间隔足够工厂完成备货，到期日与最迟装运日之间的间隔为 15 天或 21 天。

（4）信用证的有效地点一般为受益人所在国，若有效地点在开证申请人所在国，则要视实际情况而定，如交单时间比较富余，则不必改证，否则必须修改信用证。

（5）信用证金额和货币单位是否与合同一致。

（6）查看付款方式是即期的，还是远期的，是否与合同一致。

（7）货物描述（名称、规格、数量、包装、价格等）是否与合同一致。

（8）装运港和目的港是否与合同一致。

（9）可否中途转运，可否分批装运。

（10）限制装运船的条款（如限制装运某国籍船只，限制装运船只不能停靠某港口或行驶某航线等）是否可行合理。

（11）信用证项下要求受益人提交议付的单据通常包括：商业发票、海运提单、保险单、装箱单、原产地证、检验证书及其他证明文件。要注意单据由谁出具、能否出具、信用证对单据是否有特殊要求、单据的规定是否与合同条款一致等。

二、信用证的修改

（一）信用证修改的原则

通过对信用证的全面审核，若发现问题，应及时要求开证申请人修改。信用证修改的规则如下。

（1）只有开证申请人有权决定是否接受修改信用证，修改信用证只能由受益人向开证申请人提出，经开证申请人同意后再由其通知开证行。

（2）只有信用证受益人有权决定是否接受信用证修改，受益人只有在收到开证行通过通知行转递的修改通知后，对信用证进行的修改才有效。直接由受益人向开证行提出的改证申请是无效的。

（二）信用证修改的注意点

（1）凡是需要修改的内容，应做到一次性向对方提出，避免多次修改，这样既节省时间又避免增加手续费。

（2）对于不可撤销信用证中任何条款的修改，都必须征得当事人的同意后才能生效。

（3）同一修改书的内容，要么全部接受，要么全部拒绝，对修改书的部分接受是无效的。

（4）信用证修改必须通过原信用证通知行的转递才真实有效，通过买方直接寄送的修改申请书或修改书复印件不是有效的修改。

（5）明确修改费用由谁承担，一般按照责任归属来确定。

知识强化

认 识 合 同

国际货物买卖合同是国际贸易交易中买卖双方履行各自义务的基本依据，也是审核信用证内容正确与否的重要依据。

SALES CONTRACT

The Seller: MAITY INTERNATIONAL CO., LTD.
Address: NO.29 JIANGNING ROAD, SHANGHAI, CHINA

Contract No. MT13008
Date: Dec.6, 2012
Signed at: Shanghai,China

The Buyer: DESEN EUROPE GMBH
Address: GIRARDETSTRASSE 2-38, EINGANG.4 D-45131 ESSEN, GERMANY

This sales contract is made by and between the seller and the buyer, whereby the seller agrees to sell and the buyer agrees to buy the under-mentioned goods according to the terms and conditions stipulated below:

Description of Goods	Quantity	Unit Price	Amount
"RAIKOU" Homewear		CIF Hamburg	
RH1140 Blue	400PCS	€ 5.88	€ 2 352.00
RH1150 Pink	400PCS	€ 6.08	€ 2 432.00
DRRW005 Gray	400PCS	€ 5.38	€ 2 152.00
DRRW008 Purple	400PCS	€ 5.18	€ 2 072.00
AS PER ORDER NO.MY1301			
TOTAL	1 600PCS		€ 9 008.00
Total Amount: Say Euro Nine Thousand and Eight Only			

Packing: 40pcs are packed in one export standard carton

Shipping Mark: RAIKOU

MT13008

HAMBURG

C/No.1-40

Time of Shipment: NOT LATER THAN FEB. 15, 2013

Loading Port and Destination: From Shanghai, China to Hamburg, Germany

Partial Shipment: Not Allowed

Transshipment: Allowed

Insurance: To be effected by the seller for 110% invoice value covering All Risks and War Risk as per CIC of PICC dated 01/01/1981

Terms of Payment: By L/C at sight, reaching the seller before Dec. 31, 2012, and remaining valid for negotiation in China for further 15 days after the effected shipment. L/C must mention this contract number. L/C advised by BANK OF CHINA. All banking Charges outside China（the mainland of China）are for account of the Drawee.

Documents:

+ Signed commercial invoice in triplicate.

+ Full set（3/3）of clean on board ocean Bill of Lading marked "Freight Prepaid" made out to order blank endorsed notifying the applicant.

+ Insurance Policy in duplicate endorsed in blank for 110% of invoice value covering All Risks and War Risk as per CIC dated 01/01/1981.

+ Packing List in triplicate.

+ Certificate of Origin issued by China Chamber of Commerce

Signed by:

THE SELLER:	THE BUYER:
MAITY INTERNATIONAL CO., LTD. Gu Tao	DESEN EUROPE GMBH Luty

任务实施

修改信用证

根据上述合同开立的信用证：

27: SEQUENCE OF TOTAL: 1/1

40A: FORM OF DOCUMENTARY CREDIT: IRREVOCABLE

20: DOCUMENTARY CREDIT NUMBER: 00130010018208A1

31C: DATE OF ISSUE: 130101

40E: APPLICABLE RULES: UCP LATEST VERSION

31D: DATE AND PLACE OF EXPIRY: 130220 GERMANY

50: APPLICANT: DESEN EUROPE GMBH

GIRARDETSTRASSE 2-38, EINGANG.4 D-45131 ESSEN, GERMANY

59: BENEFICIARY: MATY INTERNATIONAL CO., LTD.

NO.29 JIANGNING ROAD, SHANGHAI,CHINA

32B: CURRENCY CODE, AMOUNT: USD9 008.00

41A: AVAILABLE WITH…BY…: BANK OF CHINA BY NEGOTIATION

42C: DRAFTS AT…: 30 DAYS AFTER SIGHT

42A: DRAWEE: DESEN EUROPE GMBH

43P: PARTIAL SHIPMENTS: NOT ALLOWED

43T: TRANSSHIPMENT: NOT ALLOWED

44E: PORT OF LOADING/AIRPORT OF DEPARTURE: ANY CHINESE PORT

44F: PORT OF DISCHARGE/AIRPORT OF DESTINATION: HAMBURG BY SEA

44C: LATEST DATE OF SHIPMENT: 130210

45A: DESCRIPTION OF GOODS AND/OR SERVICES:

1 600PCS BABYWEAR

AS PER ORDER NO.MY1301 AND S/C NO.MT13008

CFR HAMBURG

PACKED IN CARTON OF 20PCS EACH

46A: DOCUMENTS REQUIRED

+ SIGNED COMMERCIAL INVOICES IN TRIPLICATE INDICATING LC NO. AND CONTRACT NO.

+ FULL SET（3/3）OF CLEAN ON BOARD OCEAN BILL OF LADING MADE OUT TO APPLICANT AND BLANK ENDORSED MARKED “FREIGHT TO COLLECT” NOTIFYING THE APPLICANT.

+ SIGNED PACKING LIST IN TRIPLICATE SHOWING THE FOLLOWING DETAILS: TOTAL NUMBER OF PACKAGES SHIPPED; CONTENT（S）OF PACKAGE（S）; GROSS WEIGHT, NET WEIGHT AND MEASUREMENT.

+ CERTIFICATE OF ORIGIN ISSUED AND SIGNED OR AUTHENTICATED BY A LOCAL CHAMBER OF COMMERCE LOCATED IN THE EXPORTING COUNTRY.

+ INSURANCE POLICY/CERTIFICATE IN DUPLICATE ENDORSED IN BLANK FOR 120% INVOICE VALUE, COVERING ALL RISKS OF CIC OF PICC（1/1/1981）.

71B: CHARGES: ALL CHARGES AND COMMISSIONS ARE FOR ACCOUNT OF BENEFICIARY INCLUDING REIMBURSING CHARGES.

步骤一：

根据合同内容审核信用证，指出不符之处，并提出修改意见。

不符之处	修改意见
1.	
2.	
3.	
4.	
5.	
6.	
7.	
8.	
9.	
10.	
11.	
12.	
13.	
14.	
15.	

步骤二：

根据上述修改意见拟写一份改证函。

任务评价

序号	评价标准	满分	得分
1	能够掌握信用证审核的要点	20	
2	能够根据合同审核信用证	30	
3	能够拟写一份改证函	50	
总分		100	

理论习题

一、单选题（以下各小题所给出的 4 个选项中，只有 1 项最符合题目要求，请将正确选项的代码填入括号内）

1. 信用证规定的到期日为 2011 年 7 月 31 日，而未规定最迟装运期，按《UCP 600》规定可理解为（　　）。

A. 最迟装运期为 7 月 10 日　　B. 最迟装运期为 7 月 18 日

C. 最迟装运期为 7 月 31 日　　D. 信用证无效须改证

2. 按《UCP 600》规定，若信用证中对是否分批装运与转运未予规定，则受益人（　　）。

A. 可以分批装运，也可转运　　B. 不得分批装运，也不得转运

C. 可以分批装运，但不得转运　　D. 不可以分批装运，但可转运

3. 信用证规定不可分批，下面操作同时交单时，不符合信用证条款要求的是（　　）。

A. 在同一船各航次上或同一航班上的货物，装运时间不同，运往同一目的地

B. 在同一船各航次上或同一航班上的货物，装运地点不同，运往同一目的地

C. 在同一船各航次上或同一航班上的货物，装运时间、装运地点都相同，运往同一目的地

D. 在不同的船上或不同航班上的货物，装运时间、装运地点都相同，运往同一目的地

4. 按《UCP600》规定，以下单据上显示的申请人地址与信用证中规定的申请人地址必须完全一致的是（　　）。

A. 发票　　B. 保险单

C. 运输单据收货人或被通知方　　D. 产地证

5. 根据《UCP600》和《关于审核跟单信用证项下单据的国际标准银行实务》(即《ISBP》)，信用证不得开成凭以（　　）为付款人的汇票兑用。

A. 开证行　　B. 通知行　　C. 保兑行　　D. 开证申请人

6. 如果客户在《UCP600》实施后还在开证申请书中要求该信用证受《UCP500》的约束，作为开证行应该（　　）。

A. 劝阻客户，告知其《UCP500》已禁止使用

B. 按照客户要求办理，同时提示客户《UCP600》已实施

C. 在信用证中明示受 UCP 最新版本约束，自然按《UCP600》处理

D. 在信用证中不明示受何种规则约束，自然按《UCP500》处理

7. 根据《UCP600》，信用证指的是一项约定，无论其名称或描述如何，该项约定不可撤销并构成（　　）对相符交单予以承付的确定承诺。

A. 通知行　　B. 偿付行　　C. 开证行　　D. 交单行

8. 信用证主要体现了（　　）。

A. 开证申请人与开证行之间的契约关系

B. 开证行与受益人之间的契约关系

C. 开证申请人与受益人之间的契约关系

D. 开证行与议付行之间的契约关系

9. 根据《UCP600》规定，即期付款信用证的汇票付款人一般应为（　　）。

A. 开证行或议付行　　B. 开证行或开证申请人

C. 议付行或开证申请人　　D. 开证行或付款行

10. 根据《UCP600》规定，信用证方式下银行保证向受益人履行付款责任的条件是（　　）。

A. 受益人按时履行合同　　B. 开证申请人付款赎单

C. 受益人按信用证规定交货　　D. 受益人提交严格符合信用证要求的单据

11. SWIFT 信用证有 44F: NEW YORK，则下面提单栏目填写符合信用证要求的是（　　）。

A. Place of receive: NEW YORK　　B. Port of discharge: NEW YORK

C. Place of delivery: NEW YORK　　D. Port of loading: NEW YORK

12. 信用证的基础是买卖合同，当信用证与买卖合同不一致时，受益人应要求（　　）。

A. 开证行修改　　B. 开证申请人向开证行申请修改

C. 通知行修改　　D. 议付行修改

13. 对于除运输单据、保险单据和商业发票以外的单据，信用证中如未规定单据出具人及措辞或内容，根据《UCP600》规定，此类单据满足（　　）即可接受。

A. 与单据本身数据等同一致

B. 与其他单据或信用证中的数据等同一致

C. 看似满足所要求单据的功能，且与该单据本身中的数据、其他规定单据或信用证中数据不矛盾

D. 内容与提交的其他单据不矛盾

二、判断题（判断以下各小题的对错，正确的打“√”，错误的打“×”）

1. 在信用证业务中，受益人收到信用证修改通知书后，如不同意修改，应立即将信用证修改书退回通知行，否则视为同意接受。（　　）

2. 根据《UCP600》的定义，相符交单是指与信用证条款和 ISBP 一致的交单。（　　）

3. 备用信用证条件下，如果开证申请人按期履行了合同的义务，则该信用证无需被使用。（　　）

4. 在信用证条件下，若受益人逾期交单，则只要其征得开证申请人的同意，仍可要求银行付款。（　　）

5. 在信用证支付方式下，卖方凭以结算货款的，不是实际货物，而是与来证要求完全相符的全套单据。（　　）

6. 按《UCP600》规定，如信用证中规定某事件发生期间为“ON OR ABOUT”某日期，则此期间为该日期前后 10 天内，起迄日期包括在内。（　　）

7. 信用证项下单证不符，开证行可以拒付货款；托收项下单据不符，买方可以拒付货款。（　　）

8. 只要在 L/C 有效期内，不论受益人何时向银行提交符合 L/C 要求的单据，开证行一律不得拒收单据和拒付货款。（　　）

9. 如果受益人要求开证申请人将信用证的有效期延长一个月，在信用证未规定装运期的情况下，同一信用证上的装运期也顺延了一个月。（　　）

10. 一张不可撤销信用证列有装运期，而未列有效期，按《UCP600》规定，受益人应在最后装运期前向银行交单。（　）

11. 国外开来信用证规定最迟装运期为4月30日，有效期为5月15日，我外贸公司于4月12日将货物装船并取提单，于5月6日向议付行提交符合信用证规定的单据。按《UCP600》规定，银行应予以兑用。（　）

12. 如果信用证中没有禁止分批装运和转运，则卖方出售的货物可以分批装运和转运。（　）

13. 修改信用证时不必经过开证行，而直接由申请人修改后交给受益人即可。（　）

14. 根据《UCP600》规定，保兑行保兑信用证后，对随后接到的信用证修改书可自行决定是否将保兑责任扩展至修改书。（　）

2

项目二

发票和包装单据

任务一　缮制商业发票

学习目标

【知识目标】

1. 了解商业发票的含义及作用。
2. 掌握信用证对商业发票的要求。
3. 掌握商业发票填写的要点。

【技能目标】

1. 能够看懂合同或信用证中关于商业发票的条款内容。
2. 能够根据合同或信用证等资料，缮制商业发票。

知识链接

认识商业发票

一、商业发票的含义

商业发票，简称发票，是出口商向进口商开列的发货价目清单，是买卖双方记账的依据，也是进出口报关纳税的总说明。它是出口贸易中最重要的单据之一，是出口单据中的核心单据，所有其他结汇单据都是以它为中心来缮制的，因此在制单顺序上，一般先缮制商业发票。

二、商业发票的作用

商业发票的作用体现在以下几方面。

（1）是整套出口单据的中心以及填制和审核的依据。

（2）作为出口商和进口商记账的依据。

（3）在进出口地作为报关纳税的计算凭据。

（4）在不用汇票的情况下，可替代汇票作为付款依据。

（5）有利于进出口商核对已发货物是否符合合同或信用证规定。

三、信用证中对商业发票要求条款示例

（1）SIGNED COMMERCIAL INVOICE IN 2 ORIGINALS PLUS 4 COPIES.

已签字商业发票 2 份正本和 4 份副本。

（2）SIGNED COMMERCIAL INVOICE IN TRIPLICATE INDICATING L/C NUMBER.

已签字商业发票一式三份并注明信用证号码。

（3）SIGNED COMMERCIAL INVOICE IN 4 COPIES SHOWING FOB VALUE.

已签字商业发票一式四份并注明 FOB 价值。

知识强化

明确商业发票的填制要点

商业发票一般由各个出口公司自行编制，无统一格式，但是需要填制的内容大致都是相同的。

<table>
<tr><td rowspan="2">1）SELLER
出口商的名称和地址
在信用证支付方式下为受益人的名称和地址</td><td>3）INVOICE NO.
发票号码
一般厂商自编</td><td>4）INVOICE DATE
发票日期
所有单据的最早日期</td></tr>
<tr><td>5）L/C NO.
信用证号码
按照信用证填写，若按合同，则此栏留空</td><td>6）DATE
信用证开证日期
按照信用证填写，若按合同，则此栏留空</td></tr>
<tr><td rowspan="3">2）BUYER
进口商的名称和地址
在信用证支付方式下，一般为开证申请人的名称和地址</td><td>7）CONTRACT NO.
合同号码</td><td>8）DATE
合同日期</td></tr>
<tr><td>9）FROM
装运港
信用证下见 44E</td><td>10）TO
卸货港
信用证下见 44F</td></tr>
<tr><td>11）SHIPPED BY
运输工具名称
如用海运，则还要填写相应的船名、船次</td><td>12）TERMS OF PAYMENT
支付方式
电汇的填“BY T/T”
信用证的填“BY L/C”</td></tr>
</table>

<table>
<tr><td rowspan="2">13）MARKS
唛头
按信用证或合同规定填写，若无唛头，或者为裸装货、散装货填写 N/M</td><td rowspan="2">14）DESCRIPTION OF GOODS
货物描述
必须与信用证中的货物描述保持一致。
并列明不同型号
商品品名统称
型号 1
型号 2
……
TOTAL（总计）
对于不同型号的不同数量、不同金额，还需算出总数、总价</td><td>15）QUANTITY
数量
根据合同或信用证中的内容进行填制</td><td rowspan="2">16)UNIT PRICE
单价
包括币别、金额、计价单位、贸易术语</td><td>17）AMOUNT
总值
数量×单价</td></tr>
<tr><td>各种型号的总数量</td><td>各种型号的总金额
如果有佣金和折扣在此一并扣除</td></tr>
<tr><td colspan="5">18）TOTAL VALUE：总价的大写金额</td></tr>
<tr><td colspan="5">19）OTHER CONTENT：其他条款，填写信用证的规定或特别需要注明的内容</td></tr>
<tr><td colspan="5">20）ISSUED BY
签发人，即出口商名称
21）SIGNATURE
签署，出口商负责人签名</td></tr>
</table>

任务实施

缮制商业发票

根据下述提供资料制作商业发票，要求格式清楚、内容完整。

资料：

1. DC NO.: 291-13-6777123　　DATE: 20130914
2. BENEFICIARY: SHANGHAI INTERNATIONAL TRADE CO., LTD
   15/DYU AN MANSION, 738 DONGFANG ROAD, SHANGHAI,CHINA
3. APPLICANT: COMPANG INDUSTRIAL DE CIMENTO APODI, AV.VIGILIO
   TRVORA, 1701, SL 106, FORTALEZA, CE, BRAZIL
4. SHIPMENT: PARTIAL SHIPMENTS ARE ALLOWED, TRANSSHIPMENT IS ALLOWED.
   SHIPMENT FROM SHANGHAI TO PECEM PORT, BRAZIL. LATEST 20131010
5. COVERING: 24 946 000 PCS PLASTIC TABLEWARE
6. SHIPPING MARKS: N/M
7. THE GOODS ARE PACKED IN 1 360 CASES, NET WEIGHT: 26 000KGS. GROSS WEIGHT: 24 640KGS, MEAS: 68CBM, VESSEL: CHANGHONG V778
8. UNIT PRICE: CIF SHANGHAI USD0. 3/PC　AMOUNT USD74 838.00
9. CONTRACT NO.: ST130801　DATE: 20130801
10. INVOICE NO.: SIT13005　DATE: 20131005
11. 签名：张三

COMMERCIAL　INVOICE

<table>
<tr><td colspan="2" rowspan="2">1）SELLER</td><td>3）INVOICE NO.</td><td colspan="2">4）INVOICE DATE</td></tr>
<tr><td>5）L/C NO.</td><td colspan="2">6）DATE</td></tr>
<tr><td colspan="2" rowspan="3">2）BUYER</td><td>7）CONTRACT NO.</td><td colspan="2">8）DATE</td></tr>
<tr><td>9）FROM</td><td colspan="2">10）TO</td></tr>
<tr><td>11）SHIPPED BY</td><td colspan="2">12）PRICE TERM</td></tr>
<tr><td>13）MARKS</td><td>14）DESCRIPTION OF GOODS</td><td>15）QUANTITY</td><td>16）UNIT PRICE</td><td>17）AMOUNT</td></tr>
<tr><td></td><td></td><td></td><td></td><td></td></tr>
</table>

18）TOTAL VALUE:

19）OTHER CONTENT:

20）ISSUED BY

21）SIGNATURE

任务评价

序号	评价标准	满分	得分
1	能够阅读信用证中关于商业发票的要求	20	
2	能够掌握商业发票各栏填写要点	20	
3	根据资料填制商业发票	60	
总分		100	

理论习题

一、单项选择题（以下各小题所给出的 4 个选项中，只有 1 项最符合题目要求，请将正确选项的代码填入括号内）

1. 羊毛进出口贸易中，计算重量的方法一般采用（　　）。

A. 理论重量　　B. 净重　　C. 公量　　D. 净净重

2. 公司对外出口报价是每公吨 400 美元 CIFC3%纽约，该报价是（　　）。

A. 含佣价　　B. 成本价　　C. 净价　　D. 折扣价

3. 买方先向卖方寄出样品，卖方复制或选择品质相近的样品寄给买方，买方确认后，再以卖方寄交的样品交货，这种样品是（　　）。

A. 封样　　B. 原样　　C. 复样　　D. 回样

4. 对工业制成品交易，一般在品质条款中灵活制定品质指标，通常使用（　　）。

A. 交货品质与样品大体相等　　B. 品质公差

C. 品质机动幅度　　D. 规定一个约量

5. 根据《UCP600》，商业发票的抬头人应填写（　　）。

A. 开证申请人　　B. 开证行　　C. 通知行　　D. 受益人

6. 如我方欲进口一套机电设备，一般应选用的表示品质的方法为（　　）。

A. 凭说明书和图样买卖　　B. 凭卖方样品

C. 凭买方样品买卖　　D. 凭等级买卖

7. 下列贸易术语属于《2010 国际贸易术语解释通则》的是（　　）。

A. DDP　　B. DDU　　C. DAF　　D. DEQ

8. 我国 C 公司向德国出口货物 3 000 公吨，一般应采用（　　）贸易术语为好。

A. FOB 汉堡　　B. FCA 北京机场

C. FOB 青岛　　D. CIP 法兰克福机场

9. 根据《联合国国际货物销售合同公约》的规定，买方若收取了卖方多交的货物，则货款的收取应按照（　　）。

A. 到货时市价　　B. 装船时市价　　C. 合同价格　　D. 双方协商

10. 根据《2010 国际贸易术语解释通则》的解释，“运费付至指定目的地”是指（　　）。

A. CFR　　B. CIF　　C. CPT　　D. CIP

11. 我国 D 公司与英国 F 公司以 CIF Ex ship’s hold LONDON 的条件成交了一笔出口生

意，按照一般惯例，这批货物在伦敦港的卸货费用应由（　　）承担。

A. 保险公司　　B. 我国D公司　　C. 承运人　　D. 英国F公司

12. 我国B公司出口黄豆一批，合同规定黄豆的含水量最高13%、含油量最低19%、杂质最高1%，这种规定品质的方法是（　　）。

A. 凭说明书买卖　B. 凭等级买卖　C. 凭规格买卖　D. 凭标准买卖

13. 出口象征性交货是指卖方交货义务为（　　）。

A. 实际交货　　B. 既交单又实际交货

C. 凭单交货　　D. 目的地交货

14. 价格条款的正确写法是（　　）。

A. 每件8.40元CIFC纽约　　B. 每件8.40美元CIF

C. 每件8.40元CIF香港　　D. 每件8.40美元CIFC2%纽约

15. CIF价涉及的国内费用不包括（　　）。

A. 海上运输保险费　　B. 货物运至装运港的运费

C. 加工整理费　　D. 装船费

16. 信用证显示受益人为："ABC公司，中国深圳建设路10号。"发票显示受益人为："ABC公司，中国广州流花路15号。"受益人出具的品质证书显示受益人为："ABC公司，中国深圳建设路10号。"下列说法正确的是（　　）。

A. 发票和品质证都有不符点，因两者不相一致

B. 仅品质证有不符点，因其显示的受益人地址与发票不符

C. 因其显示的受益人地址与信用证不符

D. 发票和品质证都没有不符点仅发票有不符点

17. 在以下发票中，属于非正式的参考性发票的是（　　）。

A. 领事发票　　B. 商业发票　　C. 海关发票　　D. 形式发票

18. 我公司按CIF London USD80 per M/T向英国出口数量为10 000M/T的散装货，国外开立信用证金额为80万美元，则下列卖方发货满足条件的是（　　）。

A. 数量和金额可在10%以内增减

B. 数量和金额可在5%以内增减

C. 数量在9 500～10 500吨，信用证项下兑用金额不得超过80万美元

D. 数量在9 500～10 000吨，金额不得超过80万美元

19. 我出口公司拟对外以CFR报价，如果该公司采用多式联运，应采用（　　）术语为宜。

A. CIP　　B. DDP　　C. FCA　　D. CPT

20. 西安出口到圣彼得堡一批微型车，中方办理出口通关手续，俄方办理进口通关手续，价格中包含西安至圣彼得堡的运费和保险费，按以上交易条件，适用的贸易术语是（　　）。

A. CIF圣彼得堡　B. CIP圣彼得堡　C. CPT圣彼得堡　D. FOB西安

21. 武汉进口一批货物，从日本大阪空运至武汉，日方支付运费和保险费并承担货物的风险责任至武汉，日方办理出口清关手续，中方办理进口清关手续。按以上交易条件，应选用的贸易术语是（　　）。

A. CIF武汉　　B. CIP武汉　　C. DDP武汉　　D. DAP武汉

22. 信用证中的货物描述为“10 000 米布匹，总值 EUR10 000.00”，信用证未规定增减幅度。实际发货数量为 10 500 米布匹，在信用证项下能支款金额为（　　）。

A. EUR10 000.00　　B. EUR10 500.00

C. EUR11 000.00　　D. EUR10 000.00～10 500.00

23. 为了防范外汇风险，签订合同时不应采用的是（　　）。

A. 进口争取以软货币支付　　B. 出口多采用 CIF，信用证签订合同

C. 进口多采用 CIP，信用证签订合同　　D. 出口争取收硬货币

24. 商品的出口总成本与出口所得的外汇净收入之比是（　　）。

A. 出口商品盈亏率　　B. 出口商品盈亏额

C. 出口商品换汇成本　　D. 出口增值率

25. 某合同条款规定：“每件 30 英镑 CFR SHANGHAI，总值 4 500 英镑。”此合同条款中英镑为（　　）。

A. 计价货币　　B. 支付货币　　C. 硬币　　D. 软币

二、多选题（以下各小题给出的 4 个选项中，有 2 个或 2 个以上的选项符合题目要求，请将符合题目要求的选项代码填入括号内）

1. 商业发票是卖方在准备全套出口单据时，首先缮制的单据，在出口货物装运前的（　　）环节要使用商业发票。

A. 托运订舱　　B. 商品报检　　C. 出口报关　　D. 海关查验

2. 进口商在审核商业发票时应注意的要点有（　　）。

A. 发票的出票人应是信用证的受益人（已转让信用证除外），与汇票的出票人应为同一人

B. 不可转让的信用证其发票的抬头人应是信用证开证申请人

C. 发票的出票日期可迟于汇票的出票日期，但不应迟于信用证的兑用有效期

D. 商品名称、数量、规格、单价、包装、价格条款、合同号码等以及货物描述必须与信用证的规定相符，单价乘以数量必须与发票总金额相符

3. 采用 FCA 条件时，卖方应负的责任是（　　）。

A. 订立运输契约　　B. 按时交货　　C. 办理出口手续　　D. 提交交货凭证

4. 依《2010 国际贸易术语解释通则》，卖方办理货物出口手续的有（　　）。

A. EXW　　B. FAS　　C. FOB　　D. FCA

5. 下列术语变形中，卸货费用由买方承担的有（　　）。

A. CFR Liner Terms　　B. CFR Landed

C. CFR Exship's Hold　　D. CIF Exship's Hold

6. CPT 适用的运输方式可以是（　　）。

A. 公路运输　　B. 铁路运输　　C. 航空运输　　D. 江河及海洋运输

7. 卖方在货物交付运输前无须预先通知买方运输时间的贸易术语是（　　）。

A. FOB　　B. CIF　　C. CFR　　D. DDP

8. 有关《2010 国际贸易术语解释通则》中的贸易术语，下列描述正确的是（　　）。

A. EXW，卖方承担的风险、责任、费用最小

B. 按FOB术语成交时，卖方承担的风险、费用在交货地点同时转移给买方

C. DAT术语属于在进口国交货的贸易术语

D. DAP和FOB成交的合同都是装运合同

9. 发票的接收方即发票的付款人，俗称抬头人的表示法有（　　）。

A. 采用信用证方式的，按L/C要求办，若没有具体要求，发票的抬头应做成开证申请人

B. 实际购货方

C. 签订合同的买方

D. 其他相关人采用非信用证方式时，按进口商要求办，若没有具体要求，发票的抬头人可做成合同的卖方

10. 买方采用FOB条件进口散装谷物，采用租船运输，当买方不愿承担装货费用时，可选用以下（　　）的价格术语变形。

A. FOB Trimmed　　B. FOB Under Tackle

C. FOB Liner Terms　　D. FOB Stowed

11. 下列贸易术语中，风险划分以货交第一承运人为界，并适用于各种运输方式的是（　　）。

A. DAT　　B. CPT　　C. CIP　　D. FOB

12. FOB、CFR、CIF和FCA、CPT、CIP两组术语的价格构成都包括（　　）。

A. 保险费　　B. 进货成本　　C. 出口通关费用　　D. 净利润

13. 贸易术语的性质是（　　）。

A. 表示交货条件　　B. 表示成交价格的构成因素

C. 表示付款条件　　D. 表示运输条件

14. 下列贸易术语中，风险转移的界限在进口国的有（　　）。

A. FCA　　B. DAP　　C. DAT　　D. CIP

15. 以下关于贸易术语变形，表述正确的有（　　）。

A. 不改变费用的负担　　B. 不改变交货地点

C. 不改变风险划分点　　D. 不改变支付条件

16. 按国际商会制定的《2010国际贸易术语解释通则》的规定，下列术语中适用于任何运输方式的有（　　）。

A. FCA　　B. CIF　　C. FAS　　D. DDP

17. 卖方必须负担将货物运往指定的进口国交货地点的一切风险、责任和运输费用的术语有（　　）。

A. CIP　　B. DAT　　C. DAP　　D. EXW

18. 《2010国际贸易术语解释通则》规定，FCA、CPT与CIP的相同之处表现在（　　）。

A. 交货地点相同　　B. 风险划分界限相同

C. 适用的运输方式相同　　D. 都是由买方负责订立运输合同

19. 按CIF术语成交的合同，卖方交货后办理交单兑用，必须提交的单据包括（　　）。

A. 商业发票　　B. 保险单　　C. 提单　　D. 进口许可证

20. 按照《2010国际贸易术语解释通则》的解释，下列术语中交货地点在装运港的是（　　）。

A. FAS　　B. FCA　　C. CIF　　D. DAT

21. 按照《2010 国际贸易术语解释通则》的解释，下列术语中只适合于水上运输方式的有（　　）。

A. FCA　　B. FOB　　C. CFR　　D. DAP

22. 如果买方/卖方无法直接或间接办理货物的出口/进口手续，就不应采取（　　）术语成交。

A. FOB　　B. EXW　　C. CPT　　D. DDP

23. 采用集装箱海运出口的货物，卖方采用 FCA 比 FOB 更为有利的是（　　）。

A. 可以提前转移风险　　B. 可以提早取得运输单据

C. 可以减少卖方的风险责任　　D. 可以提早交单结汇

24. 我国贸易公司作为出口方，下列出口商品单价写法正确的是（　　）。

A. USD10/DOZ FOB SHANGHAI　　B. USD100/PC CIFC3 OSAKA

C. GBP100/SET CFR DALIAN　　D. GBP500/MT CFR LONDON

25. 在国际货物买卖合同中，数量增减幅度的选择权可由（　　）。

A. 卖方行使　　B. 买方行使

C. 船方行使　　D. 保险公司行使

26. 品质变动幅度和品质公差的不同之处有（　　）。

A. 适用产品范围不同　　B. 品质变动幅度条款主要用于工业制成品

C. 品质变动幅度允许调整价格　　D. 品质公差允许调整价格

27. 按《2010 国际贸易术语解释通则》，下列关于 DAT 与 DAP 术语，描述正确的有（　　）。

A. DAT 只适用于海运，为目的港码头交货，DAP 适用于任何运输方式

B. 两者均可适用于任何的运输方式

C. DAT 卖方需要负担卸货费用，DAP 卖方无需负担卸货费用

D. DAT 卖方无需负担卸货费用，DAP 卖方需要负担卸货费用

28. 我国出口公司 E 与新加坡进口公司 F 签订合同，规定采用 CIF 贸易术语，采用信用证付款，按《2010 国际贸易术语解释通则》，E 公司应该需要承担的义务有（　　）。

A. 租船订舱、发货、装船并支付运费，及时向 F 公司发出已经装船的通知

B. 提供进口许可证，办理货物水上运输保险及进口清关手续

C. 承担货物在装运港装上船后一切费用并支付保险费，进口关税及费用

D. 提供商业发票，相关货物单据和相应的电子信息

29. 下列《UCP600》中关于商业发票的说法正确的是（　　）。

A. 不可转让的信用证，商业发票必须由受益人出具

B. 不可转让的信用证，商业发票必须以开证申请人为抬头

C. 商业发票上的币种不必与信用证的货币相同

D. 商业发票的货物描述必须与 L/C 上的描述一致

30. 下列关于出口成本价格描述中，正确的是（　　）。

A. 它是以净收入为基础计算出来的价格

B. 它不涉及有关国外的任何费用

C. 它涉及国外的费用，如运费、保险费、佣金等

D. 它是以出口总成本为基础计算出来的价格

31. 影响出口成交价格的因素主要有（　　）。

A. 商品的质量和档次　　B. 国际市场的价格走势

C. 消费者的喜好　　D. 交货地点和交货条件

32. CIF 所涉及的国外费用有（　　）。

A. 国外运费　　B. 国外保险费

C. 中间商的佣金（如果有的话）　　D. 包装费

33. 国际货物贸易中，作价的方法主要有（　　）。

A. 固定价格　　B. 价格调整条款

C. 非固定价格　　D. 预付款

三、判断题（判断以下各小题的对错，正确的打“√”，错误的打“×”）

1.《UCP600》规定，除了商业发票外，其他单据中对货物的描述均可使用统称，但不得与信用证规定的相矛盾。（　　）

2.“证实发票”和“宣誓发票”无须签署。（　　）

3. 信用证中凡是以“大约”（about）或类似的文字描述商品的金额、数量或单价时，应解释为该金额、数量、单价等可允许有不超过10%的增减。（　　）

4. 在 CFR 条件下，卖方必须在货物装船后立即发出装船通知，以便买方办理投保手续，否则卖方不能以风险已于货物装上船时转移为由免除责任。（　　）

5. 海关发票是某些进口国海关要求的特定格式发票，由出口商填制，供进口商凭以向进口国海关报关时用的一种特殊发票。各国的海关发票可以相互替代。（　　）

6. 我国出口大宗商品，如果是 CIF 班轮条件成交，我方就必须用班轮来装运货物。（　　）

7.《1990 年美国对外贸易定义修订本》是为解释 CIF 贸易条件而制定的。（　　）

8. 按照 CIF Landed 术语成交的一批货物，货物由船上卸至码头上的费用，包括驳船费、码头费应由买方承担。（　　）

9. 信用证关于货物的描述为“blue cotton wears”，但发票显示为“colored cotton wears”是可以接受的。（　　）

10. FOB、CFR 和 DAT 三种的贸易术语都是象征性交货。（　　）

11. 出口销售外汇净收入是指出口商品的 FOB 价按当时外汇牌价折成人民币的数额。（　　）

12.《2010 国际贸易术语解释通则》对《2000 国际贸易术语解释通则》中 FOB、CFR 和 CIF 风险划分点进行了修改，不再有船舷的概念。（　　）

13. 在 CIF 条件下，卖方办理保险；在 CFR 条件下，买方办理保险。因此在货运过程中货物发生损失，前者由卖方负责，后者由买方负责。（　　）

14. UCP600 规定，商业发票的总值一定不能高于信用证的金额。（　　）

15. 商业发票的出具日期，不能早于信用证的开证日期，也不能迟于信用证的最迟交单日期。（　　）

任务二 缮制装箱单

学习目标

【知识目标】

1. 了解装箱单的含义及作用。
2. 掌握信用证中对装箱单的格式要求。
3. 熟练掌握装箱单填写的要点。

【技能目标】

能够根据合同、信用证等相关交易资料，缮制装箱单。

知识链接

认识装箱单

一、装箱单的含义

装箱单是标明出口货物的包装形式、规格、数量、毛重、净重、体积的一种单据。

二、装箱单的作用

装箱单是商业发票的附属单据，用以补充说明各种不同规格货物所装的箱号及各箱的重量、体积等内容，便于进口商对进口货物包装及数量的了解和掌握。

三、信用证中对装箱单要求条款示例

1）PACKING LIST IN 2 ORIGINALS PLUS 4 COPIES.

装箱单 2 份正本和 4 份副本。

2）PACKING LIST IN 3 COPIES INDICATING L/C NUMBER.

装箱单一式三份并注明信用证号。

知识强化

明确装箱单的填制要点

装箱单同商业发票一样无统一格式，但是主要内容基本相同。

PACKING LIST

<table>
<tr><td rowspan="2">1）SELLER
出口商的名称和地址
与发票一致
在信用证支付方式下为受益人的名称和地址</td><td>3）INVOICE NO.
发票号码</td><td>4）INVOICE DATE
发票日期</td></tr>
<tr><td>5）FROM
装运港</td><td>6）TO
卸货港</td></tr>
<tr><td rowspan="2">2）BUYER
进口商的名称和地址与发票一致
在信用证支付方式下，一般为开证申请人的名称和地址</td><td colspan="2">7）TOTAL PACKAGES（IN WORDS）
包装件数的大写</td></tr>
<tr><td colspan="2">8）MARKS & NOS.
唛头
与发票和信用证上的规定一致，也可以填写“as per invoice no.×××”</td></tr>
</table>

9）C/NOS. 纸箱编号	10）NOS. & KINDS OF PKGS. 包装件数	11）ITEM 货物描述	12）QTY.（pcs.）数量	13）G.W.（kg）毛重	14）N.W.（kg）净重	15）MEAS（m^3）体积
1～50 51～100 对应不同货号，根据包装方式计算出不同货号的包装件数	50CTNS 50CTNS 除集装箱外最大外包装的件数	SCREW D20 D25 应先注总称，然后逐项列明详细货名	100PCS 100PCS 不同型号的应注明每种型号的总件数	2 100kg 2 600kg	2 000kg 2 500kg	$10m^3$ $12m^3$
16）TOTAL：总计						
17）OTHER CONTENT：其他条款，填写信用证的规定或特别需要注明的内容。						
18）ISSUED BY 签发人，即出口商名称 19）SIGNATURE 签名						

任务实施

缮制装箱单

根据下述提供资料，制作装箱单，要求格式清楚、内容完整。

资料：

1. DC NO: 291-13-6777123　DATED: 20130914
2. BENEFICIARY: SHANGHAI INTERNATIONAL TRADE CO., LTD. 15/DYU AN MANSION, 738 DONGFANG ROAD, SHANGHAI, CHINA
3. APPLICANT: COMPANG INDUSTRIAL DE CIMENTO APODI, AV.VIGILIO TRVORA, 1701, SL 106, FORTALEZA, CE, BRAZIL
4. SHIPMENT: PARTIAL SHIPMENTS ARE ALLOWED, TRANSSHIPMENT IS ALLOWED. SHIPMENT FROM SHANGHAI TO PECEM PORT, BRAZIL　LATEST 20131010
5. COVERING: PLASTIC TABLEWARE

ART NO	QUANTITY	UNIT PRICE
PT23	1,800PCS	USD5.00/PC
PT27	5,200PCS	USD3.50/PC

6．SHIPPING MARKS: N/M

7．PACKAGE: 100PCS PACKED IN ONE CARTON

G.W.: @25KGS　　N.W.: @20KGS　　MEAS: @0.80CBM

8．CONTRACT NO: ST130801　　DATE: 20130801

9．INVOICE NO: SIT13005　　DATE: 20131005

10．签名：张三

PACKING LIST

<table>
<tr><td colspan="3" rowspan="3">1）SELLER</td><td colspan="2">3）INVOICE NO.</td><td colspan="2">4）INVOICE DATE</td></tr>
<tr><td colspan="2">5）FROM</td><td colspan="2">6）TO</td></tr>
<tr><td colspan="4">7）TOTAL PACKAGES（IN WORDS）</td></tr>
<tr><td colspan="3">2）BUYER</td><td colspan="4">8）MARKS & NOS.</td></tr>
<tr><td>9）C/NOS.</td><td>10）NOS. & KINDS OF PKGS.</td><td>11）ITEM</td><td>12）QTY.（pcs.）</td><td>13）G.W.（kg）</td><td>14）N.W.（kg）</td><td>15)MEAS（m^3）</td></tr>
<tr><td></td><td></td><td></td><td></td><td></td><td></td><td></td></tr>
<tr><td colspan="7">16）TOTAL:
17）OTHER CONTENT:
18）ISSUED BY
19）SIGNATURE</td></tr>
</table>

任务评价

序　号	评 价 标 准	满　分	得　分
1	能够阅读信用证中关于装箱单的要求	20	
2	能够掌握装箱单各栏填写要点	20	
3	根据资料填制装箱单	60	
	总　分	100	

理 论 习 题

一、单选题（以下各小题所给出的 4 个选项中，只有 1 项最符合题目要求，请将正确选项的代码填入括号内）

1．下列单证不属于包装单据的是（　　）。

A．装箱单　　B．装货单　　C．尺码单　　D．重量单

2. 信用证中规定“PACKING LIST IN FIVE COPIES”，则针对此装箱单要求，受益人以下的交单行为正确的是（　　）。

A. 无需提交正本　　B. 可以是1份正本和4份副本

C. 5份副本　　D. 可以是5份正本或5份副本

3. 定牌中性包装是指（　　）。

A. 无商标、牌名，无产地、厂商名　　B. 有商标、牌名，无产地、厂商名

C. 无商标、牌名，有产地、厂商名　　D. 有商标、牌名，有产地、厂商名

4. 条形码主要用于商品的（　　）上。

A. 任何包装　　B. 运输包装

C. 销售包装和运输包装　　D. 销售包装

5. 货物的外包装上贴有一张标志，标志上有白底黑字“POISON”和颅骨图案，这种标志属于（　　）。

A. 有毒性标志　　B. 指示性标志　　C. 易燃性标志　　D. 易爆性标志

6. 货物外包装上印刷有“一团火”，这种标志属于（　　）。

A. 唛头　　B. 运输标志　　C. 警告性标志　　D. 指示性标志

7. ISO规定的标准运输标志不包括（　　）。

A. 合同号　　B. 装运港或装运地名称

C. 总件数和该批货物的顺序号　　D. 目的港或目的地名称

8. 有关于唛头的表述，不正确的是（　　）。

A. 如果信用证对运输唛头的细节作了规定，则载有唛头的单据必须显示这些细节，额外的信息是可以接受的，只要它与信用证的条款不矛盾

B. 使用唛头的目的在于能够标识箱、袋或包装

C. 集装箱运输货物的运输单据有时仅仅在“唛头”栏中显示集装箱号，而其他单据显示的是详细的唛头标记，这种处理构成单单不符

D. 唛头一般由一些简单的几何图形、字母、数字及简单的文字等组成

9. 装箱单的编号一栏一般填写（　　）。

A. 商业发票号码　　B. 信用证号码

C. 提单号码　　D. 保险单号码

10. 如信用证无规定包装单据的份数，按UCP600理解为交单时须交（　　）。

A. 二份正本　　B. 三份正本　　C. 四份正本　　D. 一份正本

二、多选题（以下各小题给出的4个选项中，有2个或2个以上的选项符合题目要求，请将符合题目要求的选项代码填入括号内）

1. 根据国际贸易标准化推广应用项目，运输标志由（　　）组成。

A. 件号　　B. 目的地　　C. 收货人简称　　D. 合同号

2. 如信用证无规定，包装单据可以（　　）。

A. 无单据的具体名称　　B. 不必注明出单日期

C. 不盖章　　D. 无签字

3. 中性包装单据上，不能有（　　）。

A. 出口国　　B. 进口商
C. 出口货物的产地　　D. 出口商

4. 由于进口商不想让实际买主了解货物的详细成本情况，包装单据一般不记载货物的（ ）。

A. 体积　B. 总价　C. 单价　D. 数量

5. 如信用证要求提交装箱单和重量单，按《ISBP》规定，下列表述正确的是（ ）。

A. 提交两份正本装箱单和重量单联合单据，只要该联合单据同时表明装箱和重量细节，即视为符合信用证的要求
B. 只需提交一份重量单
C. 只需提交一份装箱单
D. 提交两份独立的装箱单和重量单

6. 装箱单的作用主要是补充发票内容的不足，通过对包装件数、唛头、规格等填制，明确货物的包装情况，（ ）。

A. 是出口商必须向进口商提交的单据　　B. 是出口商必须向银行提交的单据
C. 便于进口商了解货物的数量与包装　　D. 便于进口国海关检查与核对货物

7. 包装单据的货物描述一般（ ）。

A. 与商业发票一致　　B. 可以使用货物统称
C. 不与合同相抵触　　D. 与信用证一致

8. 下列属于国际物品编码协会分配给我国的商品条形码的国别号为（ ）。

A. 696　B. 695　C. 693　D. 694

9. 包装单据的种类包括（ ）。

A. 包装提要　B. 规格单 q　C. 包装明细单　D. 花色搭配单

10. 下列关于装箱单的描述，正确的是（ ）。

A. 信用证中要求提交中性包装单据时，在单据上不得显示买卖双方的名称和地址，但可以签署
B. 信用证既要求提交装箱单又要求提交重量单时，则两种单据都要提交，即便是装箱单里已包含详细重量信息，或者仅提交装箱单，但份数需等于信用证要求的两种单据数量之和。
C. 信用证如无规定，包装单据可以不签字，不盖章，但要注明出单日期
D. 信用证如未规定包装单据的份数，按《UCP600》理解为提交一份正本即可

三、判断题（判断以下各小题的对错，正确的打“√”，错误的打“×”）

1. 销售包装又称内包装、小包装或直接包装。（ ）

2. 国际上通用的条形码种类很多，目前使用 UPC 码的国家和地区众多，促使 UPC 码已成为国际公认的编码标识系统。（ ）

3. 买卖合同中，一般均应规定运输标志、指示性标志和警告性标志。（ ）

4. 中性包装的目的是打破进口国的关税和非关税措施，促进出口商品出口营销活动。（ ）

5. 当货物是以集装箱方式整箱运输时，运输标志可以用集装箱号码和铅封号取代，而

无须填写具体的唛头。（　　）

6. 装箱单的主要作用是补充商业发票内容的不足，便于买方掌握商品的包装、数量等详情。（　　）

7. 缮制信用证结汇单据时，装箱单上的唛头应与信用证和其他单据中的唛头一致，也可以只注“AS PER INVOICE NO. ×××”。（　　）

8. 运输包装上的标志就是运输标志，也就是通常所说的唛头。（　　）

9. 装箱单和产地证明书都是商业发票的补充单据。（　　）

10. 不管信用证有无规定，装箱单必须标明签发日期。（　　）

11. 在制作包装单据时，重量单侧重于列明每件包装的毛重、净重和总毛重、总净重，而尺码单侧重于每件包装的尺码和总尺码。（　　）

12. 适当地进行商品包装，对保护、保存商品，美化、宣传商品以及方便商品的保存、运输、销售和使用都起着重要的作用。（　　）

13. 出口商品包装，是提高商品在国际市场的竞争能力，扩大销售，增加售价的有效手段之一。（　　）

14. 根据《联合国国际货物销售合同公约》规定，卖方交付的货物，如未按合同规定的方式装箱或包装，就构成了违约。因此，为明确双方当事人的责任，通常都应在买卖合同中对商品的包装作出具体明确的规定。（　　）

15. 在唛头中还可以加列货物的花色号、型号等有关的内容，这也是视交易的具体情况而定。（　　）

16. 包装标志上有一个玻璃杯子图形是警告性标志的表示。（　　）

17. 销售包装的装饰，通常包括图案与色彩，装饰应大方美观，富于艺术吸引力，并突出商品的特性。（　　）

18. 运输标志的作用是便于在装卸、运输、储存过程中识别、点数，防止错发错运。（　　）

19. 包装费用一般已包含在商品货价之内，不另计收。（　　）

20. 运输标志，按照国际贸易习惯，一般由买方来决定。（　　）

四、请根据下列内容编制一个标准唛头

S/C No. 52SS-018　　Date: Aug. 08, 2008

The Seller: Shanghai Textiles Import & Export Corp.

The Buyer: ABC Co. Ltd.

Commodity and Specifications: Men's Cotton Shirts

Quantity: 600 dozen　　Packing: In 120 Cartons

Port of Shipment & Destination: Shipment from Shanghai to New York

3

项目三

报关单据

任务一　缮制报检委托书和报检单

学习目标

【知识目标】

1. 熟悉出入境检验检疫的含义及报检程序。
2. 掌握报检单的含义及填制要点。
3. 掌握报检委托书的填制要点。

【技能目标】

能够根据合同、信用证等相关交易资料，缮制报检委托书和报检单。

知识链接

认识报检工作

一、商品的出入境检验检疫

进出口商品的检验检疫是指在国际贸易活动中对买卖双方成交的商品由检验检疫机构对商品的质量、数量、重量、包装、安全、卫生及装运条件等进行检验并对涉及人、动物、植物的传染病、病虫害、疫情等进行检疫的工作，在国际贸易活动中通常称为商检工作。

二、进出口商品的报验程序

（一）报验

（1）确定检验时间和地点。

（2）提供有关单证和资料：①销售合同或销售确认书；②商业发票；③信用证及其改证函；④装箱单或磅码单。

（二）检验检疫

（三）签证放行

三、出境货物报检单含义

出境货物报检单是法定检验的出口商品发货人应当在国家质量监督检验检疫总局统一规定的地点和期限内，持合同等必要的凭证和相关批准文件向出入境检验检疫机构申报检验所提供的单据。法定检验的出口商品未经检验或者经检验不合格的，不准出口。

四、信用证常用检验条款

（1）Inspection (health) certificate from C.I.Q. (Entry-Exit Inspection and Quarantine of the P.R.C) stating goods are fit for human being.

由中华人民共和国出入境检验检疫局出具的（健康）检验证书须标明货物对人类是健康的。

（2）Inspection certificate issued by CCIC or any governmental organization stating the result of quality.

由中国检验认证（集团）有限公司或其他政府机构出具检验证书，并在证书上标明货物品质的检验结果。

（3）Certificate of inspection issued by applicant and signed by Mr. Hu Jia, stating that goods are inspected and approved.

检验证书由开证申请人签发并由 Hu Jia 先生签名，标明货物已检验放行。

知识强化

明确报检委托书和报检单的填制要点

一、报检委托书

代理报检委托书

编号：

出入境检验检疫局：出入境口岸出入境检验检疫局的名称

本委托人（备案号/组织机构代码＿＿＿＿＿＿＿＿）保证遵守国家有关检验检疫法律、法规的规定，保证所提供的委托报检事项真实、单货相符。否则，愿承担相关法律责任。具体委托情况如下：

本委托人将于＿＿年＿＿月间进口/出口如下货物：填该票货物的出口日期

品　名	货物的名称，并与发票上的货名一致	HS 编码	出口货物的商品编号
数/重量	货物的数量或重量	包装情况	外包装的数量与种类
信用证/合同号		许可文件号	
进口货物收货单位及地址	出口的可不填	进口货物提/运单号	
其他特殊要求	委托人在报检中必须达到的要求，在此注明		

特委托＿＿＿＿填写受理该报检业务单位的名称（代理报检注册登记号＿＿＿＿），代表本委托人办理上述货物的下列出入境检验检疫事宜：

□ 1．办理报检手续；

□ 2．代缴纳检验检疫费；

□ 3．联系和配合检验检疫机构实施检验检疫；

□ 4．领取检验检疫证单。

□ 5．其他与报检有关的相关事宜：＿＿＿＿＿＿＿＿＿＿

联 系 人：＿＿＿＿＿＿＿＿出口商单位的联系人

联系电话：＿＿＿＿＿＿＿＿

本委托书有效期至＿＿年＿＿月＿＿日

委托人（加盖公章）

年　月　日

二、出境货物报检单

中华人民共和国出入境检验检疫
出境货物报检单

报检单位（加盖公章）：　　　　　　　　　　　　　　　　　　编　　号：

报检单位登记号：　　　　　　联系人：　　　　　电话：　　　　　报检日期：

发货人	（中文）出口商的中文名称				
	（外文）出口商的英文名称				
收货人	（中文）				
	（外文）一般填写买方的英文名称即可				
货物名称（中/外文）	H.S.编码	产地	数/重量	货物总值	包装种类及数量
货物的品名	商品编码	货物生产/加工的省（自治区、直辖市）、市、地区名称	填写实际商品数量/净重	货物总金额	货物的外包装种类及对应的件数
运输工具名称号码	船名船次	贸易方式	一般贸易	货物存放地点	具体地点、厂库
合同号		信用证号	L/C 号码	用途	
发货日期	提单日期	输往国家	目的国	许可证/审批证	
启运地	货物最后离境口岸	到达口岸	目的港	生产单位注册号	
集装箱规格、数量及号码	货物若以集装箱运输，应填写集装箱的规格、数量及号码				

合同、信用证订立的检验检疫条款或特殊要求	标记及号码	随附单据（划“√”或补填）	
	唛头，不得留空	1）合同 2）信用证 3）发票 4）换证凭单 5）装箱单	6）厂检单 7）包装性能结果单 8）许可/审批文件 9）______ 10）______

需要证单名称（划“√”或补填）		检验检疫费	
11）品质证书____正____副 12）重量证书____正____副 13）数量证书____正____副 14）兽医卫生证书____正____副 15）健康证书____正____副 16）卫生证书____正____副 17）动物卫生证书____正____副	18）植物检疫证书____正____副 19）熏蒸/消毒证书____正____副 20）出境货物换证凭单 21）通关单 22）______ 23）______ 24）______	总金额（人民币元）	
		计费人	
		收费人	
报检人郑重声明： ● 本人被授权报检。 ● 上列填写内容正确属实，货物无伪造或冒用他人的厂名、标志、认证标志，并承担货物质量责任。 签名：由持《报检员证》的报检人员手签		领取证单	
		日期	领证日期
		签名	领证人签名

注：贸易方式包括一般贸易、三来一补、边境贸易、进料加工、其他贸易等。

用途：从以下 9 个选项选择：种用或繁殖、食用、奶用、观赏或演艺、伴侣动物、试验、药用、饲用、其他。

任务实施

缮制出境货物报检单

根据下述提供资料，制作出境货物报检单，要求格式清楚、内容完整。

资料：2014 年 6 月 12 日，温州对外贸易有限公司（单位登记号：3303910099）填制出入境货物报检单，随附合同、发票、装箱单、出口许可证、提单等单据申请报检。

卖方：WENZHOU FOREIGN TRADE CO., LTD（温州对外贸易有限公司），电话：0577-8250099，联系人：李四

买方：PLACO PLASTIC CO., LTD

提单号：SOCO02596

品名：PLASTIC TABLEWARE （塑料餐具）

H.S.编码：39241000

商品用途：外贸自营内销

船名：NORTHERN DEFENDER

航次：Voy. WW791

到货日期：2014 年 8 月 9 日

卸货日期：2014 年 8 月 12 日

索赔时效：两年

货物存放地点：宁波北仑富春江路 658 号瑞源 1 号库

COMMERCIAL INVOICE

TO:

PLACO PLASTIC CO., LTD
670 SASAKUBO-SHINDEN IWATSUKI-KU
SAITAMA-SHI.OSAKA.JAPAN

INVOICE NO. 20141234567

DATE: JUN 10，2014

S/C NO. WZFT140008

L/C NO. LC-2014-007

FROM NINGBO, CHINA TO OSAKA, JAPAN BY SEA

MARKS & NUMBERS	DESCRIPTION OF GOODS	QUANTITY	UNIT PRICE	AMOUNT
N/M	PLASTIC TABLEWARE PACKED IN 1 360CTNS G.W.:26 000KGS N.W.:24 640KGS	249 460PCS	CIF OSAKA USD0.30	USD74 838.00
TOTAL AMOUNT:	SAY U.S.DOLLARS SEVENTY FOUR THOUSAND EIGHT HUNDRED AND THIRTY EIGHT ONLY			
		WENZHOU FOREIGN TRADE CO., LTD 陈生		

中华人民共和国出入境检验检疫

出境货物报检单

报检单位：　　　　　　　　　　　　　　　　　　　　　　　　编号：

报检单位登记号：　　　　联系人：　　　　电话：　　　　报检日期：　年　月　日

发货人	（中文）				
	（外文）				
收货人	（中文）				
	（外文）				
货物名称（中/外文）	H.S.编码	产地	数/重量	货物总值	包装种类及数量
运输工具名称号码		贸易方式		货物存放地点	
合同号		信用证号		用途	
发货日期		输往国家		许可证/审批证	
启运地		到达口岸		生产单位注册号	
集装箱规格、数量及号码					

合同、信用证订立的检验检疫条款或特殊要求	标记及号码	随附单据（划“√”或补填）	
		1）合同 2）信用证 3）发票 4）换证凭单 5）装箱单	6）厂检单 7）包装性能结果单 8）许可/审批文件 9） 10）

需要证单名称（划“√”或补填）		检验检疫费	
11）品质证书____正____副 12）质量证书____正____副 13）数量证书____正____副 14）兽医卫生证书____正____副 15）健康证书____正____副 16）卫生证书____正____副 17）动物卫生证书____正____副	18）植物检疫证书____正____副 19）熏蒸/消毒证书____正____副 20）出境货物换证凭单 21）通关单 22）________ 23）________ 24）________	总金额（人民币元） 计费人 收费人	

报检人郑重声明：	领取证单	
● 本人被授权报检。 ● 上列填写内容正确属实，货物无伪造或冒用他人的厂名、标志、认证标志，并承担货物质量责任。 签名：________	日期 签名	

任务评价

序　号	评价标准	满　分	得　分
1	能够阅读信用证中关于报检工作的要求	20	
2	能够正确履行报检程序	20	
3	能够掌握代理报检委托书和报检单填制要点	20	
4	根据资料正确填制报检单	40	
总　分		100	

理论习题

一、单项选择题（以下各小题所给出的4个选项中，只有1项最符合题目要求，请将正确选项的代码填入括号内）

1. 在检验检疫机构签发检验检疫证单后，报检人要求更改或补充内容的，应向（　　）提出申请，经检验检疫机构核实批准后，按规定予以办理。

A. 直属检验检疫机构　　B. 分支检验检疫机构
C. 原证书签发检验检疫机构　　D. 就近的检验检疫机构

2. 检验检疫证书的格式由（　　）制定或批准。

A. 检验检疫机构　　B. 国务院
C. 国家质量监督检验检疫总局　　D. 各地行政机关

3. 某公司进口一批非法定检验的货物，通关后发现质量不合格，需对外索赔。该公司应向（　　）申请索赔证书。

A. 工商管理部门　　B. 检验检疫机构
C. 保险公司　　D. 海关

4. 在入境口岸报关，需调离到目的地检验检疫的货物，向入境口岸检验检疫机构申报，入境口岸检验检疫机构出具入境货物通关单四联单。货主或代理单位凭入境口岸检验检疫机构出具的入境货物通关单第（　　）联向海关办理报关手续，凭第（　　）联办理运递手续。

A. 一、三　　B. 一、二　　C. 二、四　　D. 二、三

5. 在本地报关的出境货物，经检验检疫合格，签发（　　）联出境货物通关单。

A. 3　　B. 4　　C. 2　　D. 以上都可以

6. 在检验检疫机构签发检验检疫证单后，报检人要求补充内容的，应办理申请手续，填写（　　），并出具书面证明材料。

A. 补充申请单　　B. 报检申请单　　C. 变更申请单　　D. 更改申请单

7.（　　）凭施检部门的检验检疫、鉴定证稿（结果报告单）签发检验检疫证单。

A. 检务部门　　B. 检验检疫部门　　C. 海关　　D. 检验人员

8. 对产地检验检疫，口岸报关出境的货物，由产地检验检疫机构出具（　　），口岸检

验检疫机构经验证或核查货证合格后，换发（　　）。

A. 出境货物通关单，出境货物换证凭单　B. 出境货物换证凭单，出境货物通关单

C. 品质证书，出境货物通关单　　　　　D. 品质证书，出境货物换证凭单

9. 输往（　　）的货物带有木质包装的，输入国不要求提供我国检验检疫机构出具的熏蒸/消毒证书。

A. 美国　　　B. 阿根廷　　　C. 巴西　　　D. 加拿大

10.（　　）是企业向港务部门办理出口危险货物装运手续的有效证件。

A. 出境货物通关单

B. 出境货物换证凭单

C. 出境货物运输包装性能检验结果单

D. 出境危险货物运输包装使用鉴定结果单

11. 法定检验检疫的入境货物，在取得检验检疫机构出具的（　　）后方可销售、使用。

A. 入境货物通关单　　　　B. 入境货物调离通知单

C. 检验检疫处理通知单　　D. 入境货物检验检疫证明

二、多项选择题（以下各小题给出的4个选项中，有2个或2个以上的选项符合题目要求，请将符合题目要求的选项代码填入括号内）。

1. 关于检验检疫证单的法律效用，以下表述正确的有（　　）。

A. 是办理索赔、仲裁及诉讼的有效证件

B. 是海关征收或减免关税的有效凭证

C. 是履行交接、结算及进口国准入的有效证件

D. 是出入境货物通关的重要凭证

2. 下列关于填写检验检疫证单的说法正确的是（　　）。

A. 标记太多填写不下或有计算机无法绘制的图案时，报检人员应提供标记的样张

B. 出境的原则上填写启运城市名称，入境的按进口提单所列的启运地点填写

C. 货物名称必须填写具体的名称，不要填写笼统的商品类

D. 填写重量时，应注意净重、毛重或以毛重作净重。一般以净重填写，如填写毛重，或以毛重作净重则需注明

3. 出入境检验检疫证书的签发程序包括审核、（　　）等环节。

A. 填写和改错　　B. 制证和校对　　C. 发证/放行　　D. 签署和盖章

4. 出境货物报检时，应填写出境货物报检单，并提供（　　）。

A. 信用证、有关函电

B. 外贸合同或销售确认书或订单

C. 生产经营部门出具的厂检结果单原件

D. 检验检疫机构签发的出境货物运输包装性能检验结果单正本

5. 在检验检疫机构签发检验检疫证单后，下列表述正确的有（　　）。

A. 任何单位或个人不得擅自更改检验检疫证书内容，伪造或变更检验证书属于违法行为

B. 品名、数/重量、包装、发货人、收货人等重要项目更改后与合同、信用证不符的，

或者更改后与输入国家法律法规规定不符的，均不能更改

C. 报检人要求更改或补充内容的，应向直属检验检疫机构提出申请，经检验检疫机构核实批准后，按规定予以办理

D. 报检人要求补充检验项目的，应办理补充申请手续，填写更改申请单，补充证书可以单独使用

6. 下列关于出境货物的出运期限及有关检验检疫证单有效期的表述，不正确的有（　　）。

A. 植物和植物产品为 21 天　　B. 换证凭单以标明的检验检疫有效期为准

C. 一般货物为 30 天　　D. 鲜活类货物为 10 天

7. 在检验检疫机构签发检验检疫证单后，下列描述正确的有（　　）。

A. 任何单位或个人不得擅自更改检验检疫证书内容，伪造或变更检验检疫证书属于违法行为

B. 报检人要求补充检验项目的，应办理补充申请手续，填写补充证书申请单

C. 报检人要求更改证单内容的，经审批同意后所有项目都可以办理更改手续

D. 报检人要求更改或补充内容的，应向原证书签发检验检疫机构提出申请，经检验检疫机构核实批准后，按规定予以办理

8. 关于检验检疫证单，以下表述正确的有（　　）。

A. 通关单是法定检验检疫货物通关的必要凭证

B. 检验检疫证书可作为货物在某些国家入境通关的重要凭证

C. 检验检疫证书是索赔、仲裁及诉讼的有效证明文件

D. 检验检疫证明是入境法定检验检疫货物准予销售、使用的凭证

9. 因合同条款变更，报检人对已签发的证单提出申请更改时，应提供的材料有（　　）。

A. 原签发证单　　B. 在指定报纸上的原证单作废声明

C. 变更后的合同　　D. 更改申请单

10. 出境货物报检时，一般应提供（　　）等单证。

A. 发票　　B. 厂检结果单

C. 外贸合同　　D. 出口许可证

11. 下列有关检验检疫证单描述正确的是（　　）。

A. 通关单电子数据已被海关使用并比对成功的，不予办理通关单更改手续

B. 检验检疫机构签发的证单一般以验讫日期作为签发日期

C. 检验检疫证单的法律效力由出入境检验检疫机构的法律地位决定

D. 凡列入《出入境检验检疫机构实施检验检疫的进出口商品目录》范围内的进出口货物（包括转关运输货物），海关一律凭货物报关地出入境检验检疫机构签发的《入境货物通关单》或《出境货物通关单》验放

12. 下列有关检验检疫证单作用描述正确的是（　　）。

A. 检验检疫机构签发的产地证书是进口国海关征收或减免关税的有效凭证

B. 检验检疫机构签发的证书可以用来作为赔偿货物免税通关的凭证

C. 检验检疫证书不需经公证即可作为仲裁或诉讼时有效的证明文件

D. 检验检疫证书可作为货物在某些国家入境通关的重要凭证

13. 从日本进口动物及其产品报检时，除提供合同、发票、装箱单、各运程提单等贸易单证外，还应按要求提供（　　）。

A. 输出国官方检验检疫机构出具的检疫证书

B. 中华人民共和国进境动植物检疫许可证

C. 相关的木质包装声明或官方出具的植物检疫证书

D. 装船前检验证书

14. 某公司出口一批货物，领取检验检疫证书后，因外商修改合同条款而需更改证单有关内容。以下所列，该公司在申请办理更改手续时应提交的有（　　）。

A. 更改申请单

B. 更改原因及要求的书面说明

C. 外商要求更改的有关函电等证明

D. 原发证单

三、**判断题**（判断以下各小题的对错，正确的打“√”，错误的打“×”）

1. 在检验检疫证书签发后，报检人要求更改证单内容，品名、数/重量、检验检疫结果、包装、发货人、收货人等重要项目更改后与合同、信用证不符的，或者更改后与输出、输入国家法律法规规定不符的，均不能更改。（　　）

2. 检验检疫证书使用国家质量监督检验检疫总局制定批准的格式，分别使用英文、中文、中英文联合签发。（　　）

3. 检验检疫证单的法律效力由出入境检验检疫机构的法律地位决定。（　　）

4. 检务部门收到施检部门的证稿后，出境签证应在三个工作日内完成，入境签证应在五个工作日内完成。（　　）

5. 在填写检验检疫证单有关栏目时，标记及号码栏，如果没有标记的则空着不填。（　　）

6. 检验检疫机构签发的产地证书是进口国海关征收或减免关税的有效证明。（　　）

7. 入境货物经检验不合格的，收货人可凭入境货物通关单对外索赔。（　　）

8. 检验检疫机构签发的证书不可作为通关免税或退税的重要凭证。（　　）

9. 报检人申请更改检验检疫证单的，应提交更改申请单，交付有关证明单据，并交还原检验检疫证单。（　　）

10. 若检验检疫证书遗失，申请人应持经法人代表签字、加盖公章的书面说明并在指定的报纸上登报声明作废后到签发原证书的检验检疫机构重新补发证书。（　　）

11. 在检验检疫机构签发检验检疫证单后，报检人要求更改或补充内容的，可向另一家检验检疫机构提出申请，经检验检疫机构核实批准后，按规定予以办理。（　　）

12. 检验检疫证书须经公证机构公证，方可作为仲裁或诉讼时有效的证明文件。（　　）

13. 快件出入境时，应由具备报检资格的快件营运人及时向所在地检验检疫机构办理报检手续，凭检验检疫机构签发的出境货物通关单或入境货物通关单向海关办理报关手续。（　　）

14. 对进口旧机电产品，海关凭检验检疫机构签发的《旧机电产品进口备案书》验放。 (　　)

15. 承运人或其他贸易关系人在发生商务纠纷或争议时，检验检疫机构签发的证书是证明事实状态、明确责任归属的重要凭证。 (　　)

16. 在国际贸易中，许多贸易凭证单进行交易，为确保所交易的货物符合合约规定，需要一个证明文件作为交接的凭证。检验检疫机构所签发的各种检验检疫证书，就是这种有效的凭证。 (　　)

17. 放行是检验检疫机构对列入法定检验检疫的出入境货物出具规定的证件，表示准予出入境并由海关监管验放的一种行政执法行为。 (　　)

18. 信用证要求装运港装船时检验，签发证单日期为提单日期三天内签发（含提单日）。 (　　)

19. 出境货物换证凭单可以并批和分批使用。 (　　)

20. 报检人有特殊要求使用其他语种签发检验检疫证书的，应由申请人提出申请，经审批后予以签发。 (　　)

21. 入境货物索赔证书一般使用中英文联合签发，根据报检人需要也可使用中文签发。 (　　)

22. 检验检疫机构签发的证单一般以验讫日期作为签发日期。 (　　)

23. 检验检疫的补充证单可以单独使用。 (　　)

24. 检验检疫机构发出证书后，因交接、索赔、结汇等各种需要，或者报检人要求更改检验项目，或者发现该批货物的其他缺陷或产生缺陷的原因等，为了进一步说明这些情况，检验检疫机构可在原证书的基础上酌情更改证书内容，对原证书的不充分或遗漏部分作进一步说明或评定。 (　　)

任务二　缮制报关委托书和出口货物报关单

学习目标

【知识目标】

1. 熟悉报关的含义。
2. 掌握报关单的填制要点。

【技能目标】

能够根据合同、信用证等相关交易资料，缮制报关单。

知识链接

认识报关

一、报关的含义

报关（Customs Declaration），是指进出口货物的收发货人、进出境运输工具的负责人、进出境物品的所有人或其代理人向海关办理货物、物品或运输工具进出境手续及相关海关事务的全过程。

二、报关单填制的要点

（1）进出口货物报关单由海关统一印制，内容共有47个项目，除“税费征收情况（42）”和“海关审单批注及放行日期签字（47）”栏目外，其余均由收发货人或其代理人填写。

（2）一般用计算机打印或打字机打印。

（3）一份电子报关单最多填报20项商品；纸质报关单5项。

（4）不同批文的货物、不同合同的货物、同一批货物不同贸易方式、同一批货物不同运输方式、同一批货物相同运输方式但航次不同的货物，均应分单填报。

（5）报关员必须按照《中华人民共和国海关法》《中华人民共和国海关进出口货物申报管理规定》和《中华人民共和国海关进出口货物报关单填制规范》的有关规定和要求，向海关如实申报。

（6）报关单填报必须真实，做到“两个相符”。

1）单、证相符：所填报关单各栏目的内容必须与合同、发票、装箱单、提单及批文等随附单据相符。

2）单、货相符：所填报关单各栏目的内容必须与实际进出口货物情况相符。

（7）报关单的填报要准确、齐全、完整、清楚，报关单各栏目内容要逐项详细准确填报，字迹清楚、整洁、端正，不得用铅笔或红色复写纸填写；若有更正，必须在更正项目上加盖校对章。

（8）不同的批文或合同的货物、同一批货物中不同的贸易方式的货物、不同备案号的货物、不同提运单的货物、不同的运输方式或相同的运输方式但不同的航次的货物、不同的原产地证书均应该分单填报。

（9）在反映进出口商品情况的项目中，需分项填报的主要有下列几种情况：

1）商品编号不同的（即商品编码不同）。

2）商品名称不同的。

3）原产国（地区）/最终目的国（地区）不同的。

（10）已向海关申报的进出口货物报关单，如原填报内容与实际进出口货物不一致而又有正当理由的，申报人应向海关递交书面更正申请，经海关核准后，对原填报的内容进行更改或撤销。

知识强化

明确代理报关委托书和报关单的填制要点

一、代理报关委托书及委托报关协议

代 理 报 关 委 托 书

编号：

我单位现____（A．逐票、B．长期）委托贵公司代理____等通关事宜（A．填单申报　B．辅助查验 C．垫缴税款　D．办理海关证明联　E．审批手册　F．核销手册　G．申办减免税手续　H．其他）。详见《委托报关协议》。

我单位保证遵守《中华人民共和国海关法》和国家有关法规，保证所提供的情况真实、完整、单货相符。否则，愿承担相关法律责任。

本委托书有效期自签字之日起至____年____月____日止。

委托方（盖章）：　　出口商盖章

法定代表人或其授权签署《代理报关委托书》的人签字

（签字）

年　　月　　日

委托报关协议

为明确委托报关具体事项和各自责任，双方经平等协商签定协议如下：

委托方	出口商名称	被委托方	代理报关单位的名称
主要货物名称	货名	* 报关单编码	报关单的号码
HS 编码	商品编码	收到单证日期	年　月　日
进出口日期	出口或进口日期	收到单证情况	合同　　发票
报单号	报关单号		装箱清单　　提（运）单
贸易方式	一般为一般贸易		加工贸易手册　　许可证件
原产地/货源地	货物原产国		其他
电话传真	出口商的电话传真	报关收费	人民币：　　元
其他要求：		承诺说明：	
背面所列通用条款是本协议不可分割的一部分，对本协议的签署构成了对背面通用条款的同意。		背面所列通用条款是本协议不可分割的一部分，对本协议的签署构成了对背面通用条款的同意。	
委托方业务签章： 经办人签章： 联系电话： 年　月　日		被委托方业务签章： 经办报关员签章： 联系电话： 年　月　日	

（白联：海关保留；黄联：被委托方留存；红联：委托方留存）　　中国报关协会监制

二、出口货物报关单

中华人民共和国海关出口货物报关单

预录入编号：　　　　　　　　　　　　　　　海关编号：

出口口岸 填货物经海关放行出境的最后一个关境口岸名称 关区名称+关区代码，如宁波海关（3101）	备案号 根据业务贸易性质填写，如果是一般贸易则免填；是加工贸易则需要填写加工贸易手册号码；是其他特殊监管货物，须填写相应的备案登记号	出口日期 不用填写	申报日期 不得迟于出口日期 日期格式为年份四位、月份两位、日期两位，如20140604
经营单位 单位名称+单位经营编码	运输方式 02 江海运输、03 铁路运输、04 汽车运输、05 航空运输……	运输工具名称 船名航次	提运单号 填提单号码
发货单位 出口货物在境内的生产或销售单位	贸易方式 如一般贸易、来料加工、进料加工等	征免性质	结汇方式 信用证、电汇、票汇、付款交单、承兑交单
许可证号	运抵国（地区）	指运港	境内货源地

批准文号 《出口收汇核销单》编号	成交方式 贸易术语	运费	保费	杂费
合同协议号 出口合同编号	件数	包装种类	毛重（千克）	净重（千克）

集装箱号	随附单据 注释：随报关单一并向海关递交的单证或文件。合同、发票等必备随附单据不在本栏填写	生产厂家
标记唛头及备注		

项号	商品编号	商品名称	规格型号	数量级单位	原产国（地区）	单价	总价	币制	征免
01	39241000	塑料餐具	PT01	800 件	中国	20.00	16 000	502	照章征税
			PT02	800 件	中国	20.00	16 000	502	照章征税
			PT03	800 件	中国	20.00	16 000	502	照章征税

税费征收情况
供海关批注使用

录入员　录入单位	兹声明以上申报无讹并承担法律责任	海关审单批注及放行日期（签章） 审单　　审价
报关员 玉琪	申报单位（签章） 外轮代理有限公司	征税　　统计
单位地址 邮编　　电话	填制日期 20140604	查验　　放行

制单说明：备案号、贸易方式、征免性质、征免的一般填写方法：

备案号	贸易方式	征免性质	用途	征免
免填	一般贸易	一般征税	外贸自营内销	照章征税
B12××××	来料加工	来料加工	加工返销	全免
C324×××	进料对口	进料加工	加工返销	全免

任务实施

缮制出口货物报关单

根据下述提供资料，缮制出口货物报关单，要求格式清楚、内容完整。

资料：货物于 2014 年 5 月 29 日出口，2014 年 5 月 27 日向北仑海关申报。

预录入编号：424500169

出口口岸：北仑海关，代码（3104）

单位名称：温州对外贸易有限公司

单位海关编码：3303910088

运输方式：水路运输

船名航次：NORTHERN DEFENDER V.WW791

贸易方式：一般贸易，代码　0110

征免性质：一般征税，代码（101）

目的国：日本，代码（116）

指运港：大阪，代码（1303）

境内货源地：浙江其他 代码（33909）

运费：总价 200 美元

包装种类：纸箱

集装箱号：XINU8188560

商品海关编号：39241000

商品名称和规格：塑料餐具

币制：USD 美元

征免方式：照章征税

COMMERCIAL INVOICE

<table>
<tr><td colspan="3" rowspan="4">TO:
PLMCO PLASTIC CO., LTD
670 SASAKUBO-SHINDEN IWATSUKI-KU
SAITAMA-SHI.OSAKA.JAPAN</td><td colspan="2">INVOICE NO. 20141234567</td></tr>
<tr><td colspan="2">DATE: JUN 10，2014</td></tr>
<tr><td colspan="2">S/C NO. WZFT140008</td></tr>
<tr><td colspan="2">L/C NO. LC-2014-007</td></tr>
<tr><td colspan="5">FROM NINGBO, CHINA TO OSAKA, JAPAN BY SEA</td></tr>
<tr><td>MARKS & NUMBERS</td><td>DESCRIPTION OF GOODS</td><td>QUANTITY</td><td>UNIT PRICE</td><td>AMOUNT</td></tr>
<tr><td>N/M</td><td>PLASTIC TABLEWARE
PACKED IN 1 360CTNS
G.W.:26 000KGS
N.W.:24 640KGS</td><td>249 460PCS</td><td>CIF OSAKA
USD0.30</td><td>USD74 838.00</td></tr>
<tr><td>TOTAL AMOUNT:</td><td colspan="4">SAY U.S.DOLLARS SEVENTY FOUR THOUSAND EIGHT HUNDRED AND THIRTY EIGHT ONLY</td></tr>
</table>

WENZHOU FOREIGN TRADE CO., LTD

陈生

中华人民共和国海关出口货物报关单

预录入编号：　　　　　　　　　　　　　　　　　　　　海关编号：

出口口岸	备案号		出口日期	申报日期
经营单位	运输方式	运输工具名称		提运单号
发货单位	贸易方式	征免性质		结汇方式
许可证号	运抵国（地区）		指运港	境内货源地
批准文号	成交方式	运费	保费	杂费
合同协议号	件数	包装种类	毛重（千克）	净重（千克）
集装箱号	随附单据			生产厂家
标记唛头及备注				

项号	商品编号	商品名称	规格型号	数量级单位	最终目的国（地区）单价	总价	币制	征免

税费征收情况

录入员　　录入单位	兹声明以上申报无讹并承担法律责任	海关审单批注及放行日期（签章） 审单　　审价
报关员		征税　　统计
单位地址	申报单位（签章）	查验　　放行
邮编　　电话	填制日期	

任务评价

序　号	评 价 标 准	满　分	得　分
1	能够掌握报关委托书格式填写要点	20	
2	能够掌握报关单各栏填写要点	20	
3	根据资料填制报关单	60	
	总　分	100	

理论习题

一、单选题（以下各小题所给出的4个选项中，只有1项最符合题目要求，请将正确选项的代码填入括号内）

1. 下列关于报关企业和进出口货物收发货人报关范围的表述，正确的是（　　）。
   A. 两者均只能在注册地海关辖区内各海关报关
   B. 报关企业只能在注册地海关辖区内各海关报关；进出口货物收发货人可以在关境内各海关报关
   C. 两者均可在关境内各海关报关
   D. 报关企业可以在关境内各海关报关；进出口货物收发货人只能在注册地海关辖区内各海关报关

2. 进出口货物超出（　　）未向海关申报的，海关可以依法提取变卖处理。
   A. 3个月　　B. 30日　　C. 15日　　D. 6个月

3. 报关企业报关注册登记证书和进出口货物收发货人报关注册登记证书的有效期（　　）。
   A. 均为3年
   B. 报关企业为3年，进出口货物收发货人为2年
   C. 均为2年
   D. 报关企业为2年，进出口货物收发货人为3年

4. 出口货物的发货人或其代理人，除海关特准的外，根据规定应当在货物运抵监管区后（　　）向海关申报。
   A. 货物运抵口岸24小时内
   B. 装货前24小时
   C. 装货的24小时以前
   D. 承载的运输工具起运（或起航）的24小时前

5. 在先采用电子数据报关单申报，后提交纸质报关单申报的情况下，申报日期为（　　）。
   A. 海关接受电子数据报关单申报的日期
   B. 海关在纸质报关单上作登记处理的日期
   C. 运输工具申报日期
   D. 由海关酌情处理

6. 某报关员遗失了报关员证，应及时向注册地海关书面说明情况，并登报声明作废。海关应当自收到情况说明和报刊声明之日起（　　）内予以补发。
   A. 15日　　B. 7日　　C. 30日　　D. 20日

7.《中华人民共和国海关稽查条例》规定：报关单证、进出口单证、合同等，应当自进口货物放行（或结束海关监管）之日起最少要保管（　　）年。
   A. 5　　B. 3　　C. 6　　D. 8

8. 从境外起运，在我国境内设立海关的地点换装运输工具，不通过境内陆路运输，继

续运往境外的货物是（　　）。

A. 转口货物　　B. 通运货物　　C. 过境货物　　D. 转运货物

9. 下列关于申报地点的表述，错误的是（　　）。

A. 进口货物应当在进境地海关申报

B. 经海关同意，进口货物可以在指运地海关申报，出口货物可以在起运地海关申报

C. 出口货物应当在出境地海关申报

D. 特定减免税货物改变性质转为一般进出口时，应当在货物原进境地海关申报

10. 进口货物收货人超过规定期限向海关申报的，滞报金的征收，以运输工具申报进境之日起（　　）为起始日，以（　　）为截止日。起始日和截止日均计入滞报期间。

A. 第 14 日，海关接受申报之日　　B. 第 15 日，收货人申报之日

C. 第 14 日，收货人申报之日　　D. 第 15 日，海关接受申报之日

11. 杭州某合资企业使用投资总额内资金委托浙江省机械设备进出口公司与美国某公司签约进口工程机械，并委托杭州外运公司代理报关，在填制进口报关单时“经营单位”栏目应填报为（　　）。

A. 杭州外运公司　　B. 浙江省机械设备进出口公司

C. 美国某公司　　D. 杭州某合资企业

12. 舟山某外资企业从美国购进大型机器成套设备，分三批运输进口，其中两批从上海进口，另一批从宁波进口。该企业在向海关申请办理该套设备的减免税手续时，下列做法正确的是（　　）。

A. 向舟山海关分别申领两份征免税证明

B. 向上海海关申领一份征免税证明，向宁波海关申领一份征免税证明

C. 向舟山海关分别申领三份征免税证明

D. 向上海海关申领两份征免税证明，向宁波海关申领一份征免税证明

13. 联合国救灾协调员办事处在加拿大市场采购原产于美国的冰雪救灾物资无偿援助我国，该批物资在洛杉矶装船，在日本东京中转后运抵我国，这种情况其报关单“起运国（地区）”栏目应填（　　）。

A. 日本　　B. 美国　　C. 加拿大　　D. 联合国

14. 英国某商人从上海购买一批陶瓷工艺品，在我国上海报关后运至我国香港，以空运方式经新加坡运至伦敦，在填制报关单时，该报关单的“运抵国（地区）”应填报（　　）。

A. 新加坡　　B. 英国　　C. 中国上海　　D. 中国香港

15. 一票报关单编号为 640420091036056987，编号中前四位“6404”和第九位“1”分别代表（　　）。

A. 实际进出境关区；该单为出口货物报关单

B. 申报关区代码；该单为进口货物报关单

C. 申报关区代码；该单为出口货物报关单

D. 实际进出境关区；该单为进口货物报关单

16. 某公司向某国出口 500 吨散装小麦，该批小麦分装在一条船的三个船舱内，海关报关单上的“件数”和“包装种类”两个项目的正确填报应是（　　）。

A. 件数为1，包装种类为“散装”　　B. 件数为500吨，包装种类为“吨”
C. 件数为3，包装种类为“船舱”　　D. 件数为1，包装种类为“船”

17. 下列关于进出口货物报关单填制要求的表述，错误的是（　　）。
A. 同一批货物中贸易方式不同的商品，应分单填报
B. 同一批货物中货物名称不同的商品，应分单填报
C. 同一批货物中商品编码不同的商品，应分项填报
D. 同一种商品成交计量单位与海关法定计量单位不一致的，应分行填报

18. 中国某公司从美国购买进口一批原产于德国的汽车零件，该批货物经日本转机，其进口货物报关单上的“起运国（地区）”应填报为（　　）。
A. 日本　　B. 美国　　C. 德国　　D. 不填

19. 申请办理转关运输货物进出境通关手续时，进出口货物的收发货人或其代理人向海关递交的报关单证是（　　）。
A. 进出口货物报关单　　B. 进出口货物转关运输准许证
C. 进出口转关运输货物申报单　　D. 进出口货物载货清单

20. 某企业经营单位编码“640154××××”表示其所在市内经济区划是（　　）。
A. 保税区　　B. 出口加工区
C. 保税物流园区　　D. 经济技术开发区

21. 海口某企业海运进口一批设备，载运该批货物的船舶于2011年2月5日向海口海关申报进境。但是，该企业于2月8日才得知该船已入境，随即于2011年2月9日向海关申报设备进口。其进口货物报关单上的“进口日期”应填报为（　　）。
A. 110205　　B. 20110208　　C. 20110205　　D. 20110209

22. 某企业进口一批钢管，法定计量单位为千克，提运单显示：GW18 795.00KGS，GW41 435.88LBS，总计31 640米，Unit price USD3 080/MT，Amont USD57 888.6，数量及单位栏应填报（　　）。
A. 18 795千克（第一行）；18.795吨（第三行）
B. 18 795千克
C. 18 795千克（第一行），31 640米（第三行）
D. 18 795千克（第一行）；41 435.88磅（第三行）

23. 征免栏填制“全免”是指根据主管海关签发的征免税证明或海关总署的通知，对进出口货物免征（　　）。
A. 关税　　B. 关税和增值税
C. 关税、增值税和消费税　　D. 关税和消费税

24. 苏州某加工贸易企业将初加工的保税进口料件结转给上海某加工贸易企业深加工，装货港栏或指运港栏应填报（　　）。
A. 均为中国（I42）　　B. 苏州或上海
C. 均为中国境内（0142）　　D. 均不填

25. 以下情形中，“备案号”栏目免予填报的是（　　）。
A. 加工贸易合同项下使用加工贸易手册的货物

B. 减免税备案审批的货物

C. 加工贸易货物转为享受减免税办理形式进口的货物

D. 一般贸易项下进出口货物

二、多选题（以下各小题给出的 4 个选项中，有 2 个或 2 个以上的选项符合题目要求，请将符合题目要求的选项代码填入括号内）

1. 报关员代表所属企业向海关办理报关业务时，应履行的义务有（　　）。

A. 熟悉所申报货物的基本情况，提供进出口报关单向海关办理报关手续

B. 可以私自接受社会各类企业、单位委托办理报关手续

C. 海关查验进出口货物时，配合海关查验

D. 配合海关对走私违规案件的调查

2. 进出口货物收发货人进口货物可采用的报关方式是（　　）。

A. 委托已在海关办理报关注册的货代公司以委托人的名义代理报关

B. 委托报关企业以委托人的名义代理报关

C. 委托报关公司以报关公司的名义代理报关

D. 自理报关

3. 海关实施监督管理的对象是所有进出关境的（　　）。

A. 货物　　B. 运输工具　　C. 物品　　D. 人员

4. 下列属于报关员报关执业禁止行为的，包括（　　）。

A. 故意制造海关与报关单位、委托人之间的矛盾和纠纷

B. 将报关员证转借或者转让他人，允许他人持本人报关员证执业

C. 涂改报关员证

D. 同时在两个或两个以上报关单位执业

5. 报关企业跨关区设立的分支机构应当具备的条件是（　　）。

A. 分支机构负责人应当具备 5 年以上从事对外贸易工作经验或者报关工作经验

B. 有符合从事报关服务所必需的固定经营场所和设备

C. 具有境内法人资格条件

D. 报关员人数不少于 2 名

6. 下列属于一般进出口货物的是（　　）。

A. 转为实际进口或出口的暂准进出境货物

B. 转为实际进口的保税进口货物

C. 随展览品进境的小卖品

D. 享受特定减免税优惠的进口货物

7. 按现行海关规定，下列可允许存入保税仓库的货物有（　　）。

A. 供应国际航行船舶的燃料和零配件

B. 以寄售方式进口，用于进口机电产品维修业务的维修零配件

C. 未办结海关手续的一般贸易进口货物

D. 列入限制进口类和自动进口许可类可用作原料的废物目录的废物，未取得废物进口许可证，可暂存入保税仓库

8. 我国某进出口公司（甲方）与新加坡某公司（乙方）签订一出口合同，合同中订明，甲方向乙方出售 5 000 件衬衫，于 2015 年 4 月 12 日在上海装船，途经中国香港运往新加坡，在签订合同时甲方得知乙方还要将该批货物从新加坡运往智利。根据上述情况填写报关单时，以下哪几种填写不正确（　　）。

A. 运抵国（地区）为“中国香港”，最终目的国（地区）为“智利”

B. 运抵国（地区）为“智利”，最终目的国（地区）为“智利”

C. 运抵国（地区）为“新加坡”，最终目的国（地区）为“智利”

D. 运抵国（地区）为“中国香港”，最终目的国（地区）为“新加坡”

9. 出口加工区进出境货物备案清单，适用于（　　）。

A. A 加工区结转至 B 加工区的加工贸易货物

B. 加工区从境内区外运进的设备、物资

C. 加工区运往境内区外供展示的货物

D. 加工区管理部门申报进境的管理设备

10. 下列关于进出口货物报关单填制要求的表述，正确的是（　　）。

A. 同一批货物中征免性质不同的商品，应分单填报

B. 同一种商品成交计量单位与海关法定计量单位不一致的，应分行填报

C. 同一批货物中商品编码不同的商品，应分项填报

D. 同一批货物中贸易方式不同的商品，应分单填报

11.（　　）是报关单随附单证中的基本单证。

A. 进出口许可证　　B. 商业发票、装箱单

C. 提货、装货单据　　D. 加工贸易电子化手册

12. 某企业申报进境的保税加工料件，在放行前经海关批准全部退运出境，企业在填制出口货物报关单时，“贸易方式”栏填报错误的有（　　）。

A. 来料料件退换　B. 退运货物　C. 直接退运　D. 进料料件退换

13.《中华人民共和国海关进出口货物报关单填制规范》规定，在填制进出口货物报关单的某些栏目时，一票报关单只允许填报一项内容。以下（　　）栏目的填制内容为二项及以上时，应分别填制报关单。

A. 征免性质　B. 许可证号　C. 备案号　D. 提运单号

14. 下列贸易术语中，填制报关单“成交方式”应按 FOB 填报的是（　　）。

A. CIP　B. EXW　C. FCA　D. CPT

15. 需在标记唛码及备注栏中说明的事项有（　　）。

A. 有关联备案号的或关联报关单号的

B. 所申报货物涉及多个集装箱的

C. 受外商投资企业委托代理进口投资设备、物品的

D. 所申报货物涉及多个监管证件的

16. 下述收货单位/发货单位与经营单位为同一单位的是（　　）。

A. 外商投资企业委托外贸企业进口投资设备、物品的

B. 合同的签订者和执行者不是同一企业的

C. 自行进、出口货物的

D. 其他委托有外贸进出口经营权的企业进、出口货物的

17. 下列情况中，报关单贸易方式一栏填制为“一般贸易”的是（　　）。

A. 进出口货样广告品

B. 对台湾省间接贸易进出口货物

C. 无进出口经营权的单位经批准临时进出口货物

D. 外商投资企业进口供加工内销产品的料件

18. 某公司从美国购买一批货物，该货物由洛杉矶起运，途经香港转船，最终运抵青岛大港海关申报，提单显示的信息为：B/L: 708643312；CARRIAGE: APL ENGLAND/00127；PORT OF LOADING: LOSANGELES；PORT OF DISCHARGE: HONG KONG；PLACE OF DELIVERY: QINGDAO。下列栏目填制正确的是（　　）。

A. 提运单号填报：708643312

B. 运输工具名称填报：APL ENGLAND/00127

C. 起运国栏填报：美国

D. 装货港填报：洛杉矶

三、判断题（判断以下各小题的对错，正确的打“√”，错误的打“×”）

1. 进出境货物的海关现场放行就是结关。（　　）

2. 报关员在填写报关单时若有申报不实行为，其法律责任应由报关员本人承担，其所在单位对此类报关行为不负法律责任。（　　）

3. 转关运输中的“指运地”是指出口货物办理报关发运手续的地点。（　　）

4. 一份报关单最多可填报20项商品。（　　）

5. 进口属于进口许可证管理的货物，收货人应在货物进境后，办理海关报关手续前，向相应的发证机构申领进口许可证。（　　）

6. 报关单上的“收货单位”应为进口货物在境内的最终消费、使用的单位名称，“发货单位”应为出口货物在境内的生产或销售的单位名称。（　　）

7. 提前报关转关方式是指进口货物在指运地先申报，再到进境地办理进口转关手续，出口货物在货物未运抵起运地监管场所前先申报，货物运抵监管场所后再办理出口转关手续的方式。（　　）

8. 暂准进出境货物在海关申报进出境时，暂不缴纳进出口税费，但收发货人须向海关提供担保。（　　）

9. 我国海关现行的领导体制是垂直领导。（　　）

10. 狭义上说，进出口货物的报关是指进出口货物收发货人或其代理人在货物进出口时，采用电子数据报关单和纸质报关单形式向海关申报的行为。（　　）

11. 进出口货物报关单是海关对进出口货物进行监管、征税、统计和开展稽查、调查的重要依据，是加工贸易进出口货物核销、出口货物退税和外汇管理的重要凭证，也是查处进出口货物走私、违规的重要的书面依据（　　）

12. 审单中心退单后原报关单修改后重新申报，报关的“申报日期”为海关接受重新申报的日期。（　　）

13. 某企业经海关批准从保税仓库内提取一批货物内销到国内市场，由于该批货物原进入保税仓库时为空运进口，故在报关单运输方式栏应填报“航空运输”。 ( )

14. 对货物类快件中海关规定准予免税的货样、广告品，报关时应提交进出境快件报关单。 ( )

15. 某化工进出口公司下属某厂以进料加工贸易方式进口一批原料，经海运抵港后，进口报关单的“备案号”栏应填报为该货物的加工贸易手册的编号。 ( )

16. 报关单填制中 CIF、CFR、FOB 等成交方式是中国海关规定的《成交方式代码表》中所指定的成交方式，即《2010 年国际贸易术语解释通则》中的贸易术语。 ( )

17. 在国际贸易实务的有关运输单证中，英语“VIA”后面跟的名词表示中转地，而“IN TRANSIT TO”后面跟的名词则表示目的地。 ( )

18. 过境、转运、通运货物因为不进入国内消费市场，所以不必向进境地海关申报，而向出境海关申报。 ( )

19. 一般情况下，办理进出口货物的海关申报手续，报关人可自行选择采用纸质报关单或电子数据报关单的形式。两种形式均属法定申报，具有同等法律效力。 ( )

20. 某国内租赁公司委托海口三环对外贸易公司从德国进口 20 台水泥搅拌车，用于租借给国内的建筑公司。该批用于租赁的货物向海关办理进口报关手续时，贸易方式应填报为“一般贸易”。 ( )

21. 报关单上“商品名称、规格型号”栏目，正确的填写内容应有商品的中文名称、规格型号以及商品的英文名称和品牌，缺一不可。 ( )

22. 报关企业和进出口货物发货人须经海关注册登记许可后方可向海关办理报关单位注册登记手续。 ( )

23. 海关规定，在进出口货物报关单填制中，经营单位编码第 6 位数为“8”的单位不得作为经营单位填报。 ( )

24. 一般进出口货物，海关放行后，即可在关境内自由流通或运往境外。 ( )

4

项目四

海运提单

任务　缮制海运提单

学习目标

【知识目标】

1. 了解海运提单的含义、性质及作用。
2. 熟悉海运提单的种类。
3. 掌握海运提单的填写要点。

【技能目标】

能够根据合同、信用证等相关交易资料，缮制海运提单。

知识链接

认识海运提单

一、海运提单的含义

海运提单（Ocean Bill of Lading），简称“提单”（B / L），是由船长或承运人或其代理人签发的，证明收到其承运的货物，或已装船，将约定的货物运至特定的目的地，并交付于收货人或提单持有人的物权凭证，也是承运人和托运人之间运输合同的证明。

二、海运提单的性质和作用

1．海上货物运输合同的证明

在班轮运输的条件下，它是处理承运人与托运人在运输中产生争议的依据；包租船运输的条件下，承运人或其代理人签发的提单也是运输契约的证明。这种运输的契约是租船合同（Charter Party），它是处理承运人（船东）与租船人在运输中的权利义务的依据。

2．货物收据

提单是承运人签发给托运人的收据，确认承运人已收到提单所列货物并已装船，或者承运人已接管了货物，已代装船。

3．物权凭证

谁持有提单，谁就有权要求承运人交付货物，并且享有占有和处理货物的权利，提单代表了其所载明的货物。

三、海运提单的种类

分类标准	提单种类	英文名称
货物是否已装船	已装船提单	On Board B/L
	收妥备运提单	Received for Shipment B/L
对货物外包装状况有无不良批注	清洁提单	Clean B/L
	不清洁提单	Unclean B/L, Claused B/L
不同的运输方式	直运提单	Direct B/L
	转船提单	Transshipments B/L
	多式联运提单	Combined Transport B/L（NVOCC）
	联运提单	Through B/L（第一程运输为海运）
提单抬头	记名提单	Straight B/L
	不记名提单	Open/Holder/Blank B/L
	空白抬头提单	To Order B/L
	记名指示提单	To order of ××× B/L
运费支付情况	运费预付提单	Freight Prepaid B/L
	运费到付提单	Freight Collect B/L
承运人运营方式	班轮提单	Liner B/L
	租船提单	Charter Party B/L
提单内容繁简	全式提单	Long Form B/L
	略式提单	Short Form B/L
提单签发时间	预借提单	Advanced B/L
	倒签提单	Antedated B/L
	顺签提单	Postdated B/L
	先期提单	Stale B/L
提单签发人的不同	船东提单	Master B/L
	无船承运人提单	NVOCC B/L

四、信用证中的海运提单条款示例

（1）FULL SET ORIGINAL CLEAN ON BOARD BILLS ISSUED OR ENDORSED TO THE ORDER OF ISSUING BANK MARKED FREIGHT COLLECT. NOTIFY APPLICANT.

全套清洁已装船正本提单，开立凭开证行指示的抬头，注明费用到付并通知开证申请人。

（2）COMPLETE SET OF CLEAN ON BOARD BILL OF LADING MARKED FREIGHT PREPAID ISSUED TO THE ORDER OF APPLICANT AND NOTIFY US.

整套清洁已装船提单，开立凭开证申请人指示的抬头，注明费用预付并通知开证行。

（3）FULL SET CLEAN ON BOARD BILL OF LADING MADE OUT TO ORDER, BLANK ENDORSED AND MARKED FREIGHT PREPAID NOTIFY APPLICANT.

全套清洁已装船海运提单，开立空白抬头，空白背书，注明费用预付并通知开证申请人。

知识强化

明确海运提单的填制要点

目前，各船公司所制定的海运提单虽然格式不完全相同但是其填制内容大同小异，而且都有正反两面。提单背面的条款一般由船公司提前自行印好，正面内容需要出口公司或货代公司填制。提单正面内容以及填制方法如下所示。

Shipper 托运人，通常填出口商公司名称及地址	
Consignee 收货人	
Notify Party 通知人，一般为开证申请人或其货运代理人	
Pre-carriage by 前程运输方式可留空	
Vessel 船名航次	Port of transshipment 转运港 如果没有，可留空
Port of discharge 卸货港 在直达船运输条件下，此栏即为最终目的港。若在转运的情况下，该栏应填写第一程船卸下的港口	Final destination 最终目的地 若与卸货港相同，可留空

Container seal No. or marks and Nos.	Number and kind of packages Description of goods	Gross weight （kgs）	Measurement （cbm）
集装箱号、封号或唛头 填写实际集装箱号、封号、唛头 如无唛，则填 N/M	包装种类数量和货物描述（统称） ON BOARD 已装船 在货物装船后，需向船公司取得标有已装船字样的提单，才能结汇 备注：如需注明信用证号码等其他信息也可填写在此	货物总毛重 应与其他单据相一致	总尺码 指货物的体积，应与其他单据相一致（保留 3 位小数）

Freight and charges 运费支付标注 运费预付填“FREIGHT PREPAID”，到付填“FREIGHT COLLECT”			
Ex.rate	Prepaid at	Freight payable at 运费支付地 CIF/CFR 时，为装运港 FOB 时，为目的港	Place and date of issue 提单签发日和签发地点 填写承运人实际装运的地点和时间
	Total prepaid	Number of original B(s)/L 正本提单份数（大小写）如 THREE（3）	Signed for or on behalf of the master 提单签署 1．作为承运人的代理人签发的提单时，签字栏下端一般须加注“AS AGENTS FOR THE CARRIER ×××” 2．作为承运人签字时，则加注“AS CARRIER”字样 3．作为船长签字时，则加注“AS MASTER”字样

（Consignee 栏）三种填写方法，参照信用证 46A 中提单的要求进行填制

① 记名式：照抄 L/C 中指定收货人名称：“TO ××× ONLY”

② 空白抬头：本栏留空或仅填入：“TO BEARER”

③ 指示抬头：TO ORDER

TO ORDER OF SHIPPER

TO ORDER OF ××× BANK

任务实施

缮制海运提单

步骤：根据下述提供资料，缮制海运提单，要求格式清楚、内容完整。

1．DC NO.: 291-13-6777123　　DATED：20130914

2．BENEFICIARY: SHANGHAI INTERNATIONAL TRADE CO., LTD 15/D, YU AN MANSION 738 DONGFANG ROAD, SHANGHAI, CHINA

3．APPLICANT: COMPANG INDUSTRIAL DE CIMENTO APODI, AV.VIGILIO TRVORA, 1701, SL 106, FORTALEZA, CE, BRAZIL

4．SHIPMENT: PARTIAL SHIPMENTS ARE ALLOWED, TRANSSHIPMENT IS ALLOWED. SHIPMENT FROM SHANGHAI TO PECEM PORT, BRAZIL　LATEST DATE 20131010, OCEAN VESSEL VOYAGE: CHANGXING 188 V.098　ON BOARD DATE: 20131006

5．COVERING: PLASTIC TABLEWARE

ART NO	QUANTITY	UNIT PRICE
PT23	1 800PCS	USD5.00/PC
PT27	5 200PCS	USD3.50/PC

6．SHIPPING MARKS: N/M

7．PACKAGE:

100PCS PACKED IN ONE CARTON

G.W: @25KGS　　N.W: @20KGS　　MEAS: @0.80CBM

8．CONTRACT NO.: ST130801　　DATE: 20130801

INVOICE NO.: SIT13005　　DATE: 20131005

B/L NO.: JS-CGS134

9．DOCUMENTS REQUIRED

+FULL SET CLEAN ON BOARD BILL OF LADING MADE OUT TO ORDER，BLANK ENDORSED AND MARKED FREIGHT PREPAID NOTIFY APPLICANT.

<table>
<tr><td colspan="2">Shipper</td><td>B/L No.</td></tr>
<tr><td colspan="2"></td><td></td></tr>
<tr><td colspan="2">Consignee</td><td>Combined Transport BILL OF LADING</td></tr>
<tr><td colspan="2">Notify Party</td><td rowspan="3">For delivery of goods please apply to:</td></tr>
<tr><td>Pre-carriage by</td><td>Port of loading</td></tr>
<tr><td>Vessel</td><td>Port of transshipment</td></tr>
</table>

（续）

<table>
<tr><td colspan="2">Port of discharge</td><td colspan="2">Place of delivery</td><td colspan="3">Final destination</td></tr>
<tr><td colspan="2">Container seal No. or marks and Nos.</td><td colspan="3">Number and kind of packages
Description of goods</td><td>Gross weight (kgs)</td><td>Measurement (m^3)</td></tr>
<tr><td colspan="2">Freight and charges</td><td>Revenue Tons</td><td>Rate Per</td><td colspan="2">Prepaid</td><td>Collect</td></tr>
<tr><td rowspan="2" colspan="2">Ex. rate</td><td>Prepaid at</td><td>Freight payable at</td><td colspan="3">Place and date of issue</td></tr>
<tr><td>Total prepaid</td><td>Number of original B(s)/L</td><td colspan="3">Signed for or on behalf of the master</td></tr>
</table>

任务评价

序　号	评 价 标 准	满　分	得　分
1	能够阅读信用证中关于海运提单的要求	20	
2	能够掌握海运提单的填写要点	20	
3	根据资料填制海运提单	60	
总　分		100	

理 论 习 题

一、单选题（以下各小题所给出的 4 个选项中，只有 1 项最符合题目要求，请将正确选项填入括号内）

1. 租船运输是相对于班轮运输的另一种江海运输方式，租船运输又被称为（　　）。

A. 不定期船运　　B. 程租租船

C. 定期租　　D. 光船租船

2. 班轮运输中最普遍使用的一种方式是（　　）。

A. 杂货班轮运输　　B. 子母船运输

C. 托盘运输　　D. 集装箱班轮运输

3. 信用证对提单的部分条款规定：“Applicant: ABC Trading Co. Ltd.，London…Full set clean shipped on board marine Bill of Lading made out to order of applicant…”提单在收货人栏应填写（　　）。

A. To order of ABC Trading Co. Ltd, London…

B. To order of applicant

C. To order

D. To order of shipper

4. 发货人出具保函后，承运人倒签提单的做法是（　　）。

A. 合法有效的　　B. 符合航运惯例的

C. 错误的　　D. 违法的

5. 根据《华沙公约》，航空货运单应由托运人填写，也可以由承运人或其代理人填写，如果货运单由承运人或其代理人填写，则填开货运单的依据，即货运托运书应该（　　）。

A. 由代理人填写，由托运人签字或盖章

B. 由托运人填写，代理人签字或盖章

C. 由托运人填写签字并盖章

D. 由代理人填写签字并盖章

6. 各种运输单据中，能同时具有货物收据、运输合同和物权凭证作用的是（　　）。

A. 航空运单　　B. 铁路运单

C. 海运提单　　D. 海运单

7. 下列不属于提单主要作用的是（　　）。

A. 物权凭证　　B. 装船依据　　C. 货物收据　　D. 运输合同的证明

8. 下列关于不可以分批装运的规定中，不正确的是（　　）。

A. Partial shipment prohibited　　B. Partial shipment forbidden

C. Partial shipment not allowed　　D. Partial shipment permitted

9. 以下不属于货运单证的是（　　）。

A. 海运装货单　　B. 装货通知

C. 国际货物托运委托书　　D. 集装箱场站收据

10.（　　）是托运人与承运人之间缔结的货物运输合同。

A. 航空货运单　　B. 提货通知书　　C. 货物托运书　　D. 运输许可证

11. 按下面信用证中关于海运提单收货人条款要求，交单时需要托运人背书的是（　　）。

A. To Order　　B. Delivery to ABC Co. Ltd.

C. To Order of issuing bank　　D. To Order of applicant

12. 以下国际港口：Amsterdam，Manila, Hong Kong 所在的国家代码分别依次为（　　）。

A. PH, HL, CN　　B. HL, PH, CN　　C. PH, CN, HL　　D. HL, CN, PH

13. 出口商安排海运的正确排序是（　　）。

A. 向买方发出装船通知，办理托运，领取装运凭证，装船，提取提单

B. 办理托运，领取装船凭证，装船，向买方发出装船通知

C. 办理托运，领取装运凭证，装船，提取提单，向买方发出《装船通知》

D. 向买方发出装船通知，办理托运，装船，领取装运凭证，提取提单

14. 目前世界上规模最大的集装箱航线有三条，以下不属于这三条航线的是（　　）。

A. 泛太平洋航线　　B. 印度洋航线　　C. 东亚航线　　D. 大西洋航线

15. 门到门的集装箱运输最适合于（　　）。

A. 整箱交，整箱接　　B. 拼箱交，拆箱接

C. 整箱交，拆箱接　　D. 拼箱交，整箱接

16. 根据《关于审核跟单信用证项下单据的国际标准银行实务》，对信用证未规定交单

期的提单，受益人在提单日21天后才交到银行兑用的提单称为（　　）。

A. 过期提单　B. 倒签提单　C. 预借提单　D. 转船提单

17. 下列的（　　）是属于按"提单对货物表面状况有无不良批注"进行分类的一种。

A. 清洁提单　B. 联运提单　C. 舱面提单　D. 转船提单

18. 某公司出口一批货物，该批货物于2015年3月15日开始装船，5日后装完，应托运人的要求，船公司以2015年3月24日作为提单的日期签发提单，则提单成为（　　）。

A. 顺签提单　B. 倒签提单　C. 预借提单　D. 过期提单

19. NVOCC 意指（　　）。

A. 无船公共承运人　B. 国际海上货运代理人

C. 托运人　D. 班轮公司

20. CFS-CFS集装箱运输条款是指一个集装箱货物中有（　　）的交接方式。

A. 一个发货人、一个收货人　B. 一个发货人、多个收货人

C. 多个发货人、多个收货人　D. 多个发货人、一个收货人

21. 所谓"空白抬头，空白背书提单"，是指（　　）。

A. 提单的收货人一栏什么也不填，也不背书

B. 提单的收货人一栏填上"TO ORDER"，在提单背面由承运人签字

C. 提单的收货人一栏填上"TO ORDER"，在提单背面由托运人签字

D. 提单的收货人一栏填上"空白"等字，在提单的背面也填上"空白"二字

22. 海运提单是（　　）。

A. 货物收据　B. 物权凭证　C. 有价证券　D. 流通证券

23. 信用证规定有效期为2014年11月30日，而未规定装运期，则可理解为（　　）。

A. 最迟装运期为2014年11月9日　B. 最迟装运期为2014年12月15日

C. 最迟装运期为2014年11月15日　D. 最迟装运期为2014年11月30日

24. 多式联运提单的签发人应（　　）。

A. 对运输全程负责

B. 对第一程运输负责

C. 接受第二程运输承运人的委托向原货主负责

D. 对第二程运输负责

25. 班轮提单的提单日期是指（　　）。

A. 货物装船完毕的日期　B. 货物运抵目的港的日期

C. 货物开始装船的日期　D. 货物运至装运港的日期

26. 下列日期能确定为"已装船提单"的装船日期的是（　　）。

A. 货于4月28日抵达日本　B. 货于4月8日全部装完

C. 货于4月2日开始装船　D. 货于3月10日送交船公司

27. 下列国际货物运输方式中，具有国际多式联运性质的是（　　）。

A. 内河运输　B. 公路运输　C. 邮政运输　D. 管道运输

28. 集装箱运输最早出现于（　　）。

A. 海上运输　B. 铁路运输　C. 公路运输　D. 航空运输

29. 托运人完成装运后，凭以向船公司换取已装船提单的单据是（　　）。

A. 大副收据　B. 商业发票　C. 发货单　D. 装货单

二、多选题（以下各小题给出的4个选项中，有2个或2个以上的选项符合题目要求，请将符合题目要求的选项代码填入括号内）

1. 班轮运费的计算标准可采用（　　）等计算。

A. 按毛重　B. 按体积　C. 按净重　D. 按数量

2. 因租船订舱所需要的单据有（　　）。

A. 托运单　B. 装货单　C. 装箱单　D. 海运提单

3. 提单背书一般分为（　　）。

A. 记名背书　B. 指示背书　C. 空白背书　D. 任意背书

4. 根据《UCP600》的规定，卖方可以凭以结汇的单据有（　　）。

A. 航空运单　B. 不可转让海运单

C. 租船提单　D. 班轮提单

5. 信用证要求提供“全套清洁已装船做成凭指示和空白背书的提单”，其含义是托运人提供的提单为（　　）。

A. 必须是三份提单　B. 清洁提单

C. 提单抬头为“凭指示”　D. 提单要记载装船时间

6. 按提单上注明的收货人抬头，可以将提单分为（　　）。

A. 直达提单　B. 不记名提单　C. 指示提单　D. 记名提单

7. 买方和银行通常不接受的提单有（　　）。

A. 已装船提单　B. 备运提单　C. 不清洁提单　D. 过期提单

8. 关于提单，下列说法中，错误的是（　　）。

A. 提单是国外卖方或厂商对货物出具的明细账单

B. 提单是代表货物所有权的物权凭证或运输契约

C. 提单辅助发票之不足，并详细说明包装内容或货物数量以及标记号

D. 提单又称来源证，主要对货物的产地、厂家作佐证，便于海关掌握国别地区，作纳税时参考

9. 不是物权凭证的运输单据是（　　）。

A. 海运提单　B. 空运单据　C. 快递收据　D. 铁路运单

10. 联运提单与国际多式联运单据在性质上的区别有（　　）。

A. 适用范围不同　B. 签发人不同

C. 签发人对运输责任范围不同　D. 运费率不同

11. 海运提单的性质与作用主要是（　　）。

A. 它是海运单据的唯一表现形式

B. 它是承运人或其代理人出具的货物收据

C. 它是代表货物所有权的凭证

D. 它是承运人与托运人之间订立的运输契约证明

12. 装运时间的规定办法通常有（　　）。

A．笼统规定近期装运　　B．规定在收到信用证后若干天
C．规定在某一天装运完毕　　D．明确规定具体装运期限

13．国际货物运输根据运输方式的不同，提单分为（　　）。
A．直达提单　B．清洁提单　C．联运提单　D．转船提单

14．班轮运费的计算标准可采用（　　）等计算。
A．按毛重　B．按体积　C．按净重　D．按数量

15．班轮提单的作用是（　　）。
A．物权凭证
B．承运人签发给托运人的货物收据
C．承运人与托运人之间运输契约的证明
D．出口人纳税的依据

16．海运提单做成指示抬头，CONSIGNEE 一栏可以填成（　　）。
A．TO ORDER　　B．TO ORDER OF SHIPPER
C．CONSIGNED TO　　D．TO ORDER OF ISSUING BANK

17．航空货物运输中，托运人托运危险货物、活体货物、鲜活易腐货物、超大件笨重货物时，除了符合普通货物的运输规定和特种货物的运输规定外，还应该注意的事项有（　　）。
A．应该事先征求承运人的同意
B．承运人同意后才可以交给货运代理人办理托运手续
C．支付特种货物运费
D．支付特种货物运输手续费给代理人

18．下列条件中，国际多式联运必须符合的有（　　）。
A．依据国际多式联运合同
B．至少有两种不同的运输方式
C．多式联运经营人将货物从一国境内运送至另一国境内
D．以集装箱为媒介

19．按《UCP600》规定，海运提单中货物的描述（　　）。
A．必须与商业发票的货物描述完全一致
B．必须使用货物的全称
C．只要不与信用证的描述相抵触，可使用货物的统称
D．符合信用证或合同的，与实际货物的名称、规格、型号、成分、品牌等相一致

20．航空运输业务的种类包括（　　）。
A．班机运输　B．集中托运　C．包机运输　D．航空快递

21．关于航空运单，叙述不正确的是（　　）。
A．是货物运输契约　　B．可凭以提取货物
C．是出口商结汇单据之一　　D．是物权证明

22．班轮运输最基本的特点有（　　）。
A．固定的航线　　B．固定的挂靠港口
C．固定的船舶航期　　D．相对固定的运价

23. 租船提单可以由（ ）签署。

A. 船东或其具名代理　　　　B. 船长或其具名代理

C. 租船人或其具名代理　　　D. 大副或其具名代理

24. 如果信用证要求提交租船合同提单，则下列表述正确的是（ ）。

A. 代理人代表租船人签字时必须表明租船人名称

B. 卸货港可以显示为信用证规定的港口范围或地理区域

C. 必须表明承运人名称

D. 代理人代表船长签字时必须表明船长名称

三、判断题（判断以下各小题的对错，正确的打"√"，错误的打"×"）

1. 海运提单可以进行转让，但必须经过背书方可转让的提单是指示提单。（ ）

2. 提单的收货人栏在填写"To order of shipper"的情况下，提单应经背书才能转让。（ ）

3. 某公司收到客户开来信用证，规定最迟装运期为"on or about Nov. 15, 2015"，则该公司可以在2015年11月15日的前后各5天内发运货物。（ ）

4. 记名提单比不记名提单风险大，故很少使用。（ ）

5. 海运出口货物，信用证规定的最迟装运期为4月30日，信用证有效期为5月10日，实际出运日期为5月5日，托运人要求承运人将提单日期填写为4月30日，这种提单叫预借提单。（ ）

6. 与国际海上运输合同中的提单不同，国际铁路货物运输中的运单不能作为货物权利凭证进行转让。（ ）

7. 全式提单是指提单上除有正面条款之外，还在背面印有承运人和托运人权利、义务等详细条款的提单。略式提单是指仅有提单正面内容，如船名、货号、标志、件数、装运港、目的港，而略去了提单背面全部条款的提单。因此，二者效力不同。（ ）

8. 贸易术语为CFR/CIF时，海运提单上应有"Freight Prepaid"字样；贸易术语为FCA/F0B时，提单上应有"Freight Collect"字样。（ ）

9. 提单按运费支付的时间分运费预付提单和运费到付提单，前者指托运人在装货港提交货物时即支付运费，承运人在提单中载明"运费付讫"，在CIF和CFR合同中要求运费预付提单。（ ）

10. 不清洁提单是指承运人在签发提单时，对货物或其包装等状况加注明确的不良批注的提单。（ ）

11. 某商品100箱，每箱尺寸10cm×20cm×30cm，每箱毛重30kg。海运费计收标准按W/M，则承运人按毛重计收运费。（ ）

12. 如果合同规定收货人为"TO ORDER"或"TO ORDER OF THE SHIPPER"字样，空运托运单上的收货人应该显示为"TO ORDER"或"TO ORDER OF THE SHIPPER"。（ ）

13. 在填写空运托运书时，若始发机场名称不确定（比如一个城市有多个机场），可填写其所在城市名称。（ ）

14. 托运人在托运书上要求货运代理人在收货发运后，出具正本提单一式三份，即每一份都应标有 ORINGAL 字样。如果所出具的提单标注为 1ST ORIGINAL，2ND ORIGINAL，3RD ORIGINAL 或 ORIGINAL、DUPLICATE、TRIPLICATE 等字样，也可接受。（　）

15. 如买卖合同规定的装运条款为 “Shipment during June/July in two equal lots”，那么出口公司必须在六七月间每月各装一批，每批数量相等。（　）

16. 按照《UCP600》的解释，凡是装在同一条船同一航次的货物，即使装运时间与装运地点不同，也不作为分批装运论处。（　）

17. 海运提单的作用之一是提单是货运合同。（　）

18. 一张航空运单可用于一个托运人在同一时间、同一地点托运货物，运往不同目的站的不同收货人。（　）

19. 大副收据是货物装上船后，由承运人签署给托运人的作为证明船方已经收到该票货物并已装上船的重要凭证，托运人可以凭此大副收据向银行办理结汇。（　）

20. 航空总运单上填报的运价，一般是国际航空运输协会公布运价，但是与实际托运人支付给承运人的运价不同，因此，空运总运单不是托运人与承运人结算运费的依据。（　）

21. 由于航空货运单所填内容不准确、不完整，致使承运人或其他利益关系人遭受损失，托运人负有责任。（　）

22. 不清洁提单是说提单上有污渍。（　）

23. 空白抬头、空白背书的提单是指既不填写收货人又不要背书的提单。（　）

24. 装运时间（Time of shipment）=交货时间（Time of delivery）。（　）

25. 使用班轮运输货物时，货方不再另行支付装卸费，船货双方也不计算滞期费、速遣费。（　）

26. 国际航空货物集中托运时，集运商应出具分运单，并粘贴分标签，显示分运单号和目的地城市或机场的三字代码。（　）

27. 转运或转船是指如果货物没有直达船或一时无合适的船舶运输而需要通过中途转运。（　）

28. 对于卸货港的选择，一般行使选择权的是卖方。（　）

29. 航空主运单的发货人栏和收货人栏列明的是真正的托运人和收货人。（　）

30. 滞期费通常发生在租船合同中。（　）

31. 我出口公司按照合同的规定于 8 月 1 日发运了货物并取得提单，于 8 月 30 日向银行提交全套合格单据要求付款。按照《UCP600》的规定，只要未超过信用证有效期，银行就有义务付款。（　）

32. 内河运单、出仓单、邮包收据都属于运输单据。（　）

33. 不清洁提单是船公司签发时对提单上货物数量加注溢短装批注的提单。（　）

34. 承运人接受托运人保函具有对抗收货人的效力。（　）

35. 提单在办理提货手续前或提货手续后都可以转让。（　）

36. 海运提单、海运单和航空运单都属于物权凭证，均可通过背书转让。（　）

37. 承运人在发货人和收货人两份保函前提下签发倒签提单，不承担欺骗行为的责任。（　）

38. 铁路运单、航空运单性质上与海运提单是相同的，都可以作为物权凭证在市场上流通转让。（　）

5

项目五 汇票

任务　缮制汇票

学习目标

【知识目标】

1. 熟悉汇票的含义及种类。
2. 掌握汇票的填制要点。

【技能目标】

能够根据合同、信用证等相关交易资料，缮制汇票。

知识链接

认识汇票

一、汇票的含义

汇票（Bill of Exchange/Draft）是一个人向另一个人签发的，要求见票时或在将来的固定时间，或以确定时间，对某人或其指定的人或持票人支付一定金额的无条件的书面支付命令。

二、汇票的基本内容

（1）应载明“汇票”字样。

（2）无条件支付命令。

（3）一定金额。

（4）付款期限和地点。

（5）受票人（Drawee），又称付款人（Payer），即接受支付命令付款的人。在进出口业务中，通常是进口人或其指定的银行。

（6）受款人（Payee），即受领汇票所规定金额的人。在进出口业务中，通常是出口人或其指定的银行。

（7）出票日期和地点。

（8）出票人签字。

三、汇票的种类

（1）按照出票人的不同，汇票分为银行汇票和商业汇票。

1）银行汇票（Banker's Draft），是指出票人是银行，受票人也是银行的汇票。

2）商业汇票（Commercial Draft），是指出票人是商号或个人，付款人可以是商号或个人，也可以是银行的汇票。

（2）按照有无随附商业单据，汇票可分光票和跟单汇票。

1）光票（Clean Bill），是指不附带商业单据的汇票。银行汇票多是光票。

2）跟单汇票（Documentary Bill），是指附带有商业单据的汇票。商业汇票一般为跟单汇票。

（3）按照付款时间的不同，汇票可分为即期汇票和远期汇票。

1）即期汇票（Sight Draft），是指在提示或见票时立即付款的汇票。

2）远期汇票（Time Bill or Usance Bill），是指在一定期限或特定日期付款的汇票。

四、信用证中对汇票要求条款的示例

（1）We hereby issue our irrevocable letter of credit No. 194956 available with any bank in China, at 90 days after Bill of Lading date by draft.

该条款要求出具提单后 90 天的汇票。

（2）Draft at 60 days sight from the date of presentation at your counter.

该条款要求出具在议付行起算 60 天到期的远期汇票。

（3）Credit available with any bank in China, by negotiation, against presentation of beneficiary's drafts at sight, drawn on applicant in duplicate.

该条款要求受益人出具以开证人为付款人的即期汇票。

（4）All drafts should be marked "Drawn under the Citibank, New York L/C No. 1956717 dated 20140310".

该条款要求所有汇票须显示，依据花旗银行纽约分行 1956717 号、日期 20140310 的信用证出具的。

（5）This credit is available with The Hong Kong and Shanghai Banking Corporation, Shanghai by negotiation against beneficiary's drafts drawn under this L/C at sight basis.

"本信用证在上海汇丰银行议付，随附受益人即期汇票。"

知识强化

明确汇票的填制内容

凭　　　　　　　　　　　　　　　　　　　　　　　信用证　第　　　　号

Drawn under 开证行名称（托收下分为 D/A 与 D/P）______ **L/C No.** 信用证号

日期

Dated 信用证开证日期______支取 Payable with interest @　　% per annum 按年息　　付款

号码　　　　　　　　汇票金额　　　　　　　　中国上海　　年　　月　　日

No. （2）发票号码______ **Exchange for** 总金额小写　　**Shanghai** 出票日期

China 一般提单日期三天内

见票　　　　　　　　日 后（本 汇 票 之 副 本 未 付）付 交

At 付款期限______ sight of this **FIRST** of Exchange (Second of exchange　　金额

being unpaid) **Pay to the order of** 议付银行　　**The sum**

（7）金额的大写 SAY U.S.DOLLARS XXXXXXX ONLY

款已收讫

Value received

此致

To:

付款人

信用证下一般为开证行

托收下为进口商

公司名称
（通常以中英文两种方式书写）

签名盖章

任务实施

缮制汇票

步骤：根据下述提供资料制作汇票，要求格式清楚、内容完整。

资料：

FROM: INDUSTRIAL BANK OF JAPAN, OSAKA

TO: BANK OF CHINA, ZHEJIANG WENZHOU BRANCH

SEQUENCE OF TOTAL *27: 1/1

FORM OF DOC. CREDIT *40A: IRREVOCABLE

DOC. CREDIT NUMBER *20: LC14-14KC066

DATE OF ISSUE 31C: 20140615

EXPIRY *31D: DATE140 PLACE CHINA

APPLICANT *50: PLACO PLASTIC CO., LTD
1-6-8 TENJIN CHUO-KU
OSAKA
JAPAN

BENEFICIARY *59: YUEQING SS PRODUCTS I/E CO., LTD.
1236 HUANCHENG ROAD, YUEQING
ZHEJIANG, CHINA

AMOUNT *32B: CURRENCY USD AMOUNT 8 136.00

AVAILABLE WITH/BY *41D: ANY BANK IN CHINA
BY NEGOTIATION

DRAFT AT… 42C: AT SIGHT
FOR FULL INVOICE VALUE

DRAWEE *42D: INDUSTRIAL BANK OF JAPAN,
FUKUOKA

PARTIAL SHIPMENT 43P: NOT ALLOWED

TRANSSHIPMENT 43T: NOT ALLOWED

PORT OF LOADING 44E: NINGBO, CHINA

PORT OF DISCHARGE 44F: OSAKA, JAPAN

LATEST DATE OF SHIP. 44C: 20141113

凭

Drawn under ____.

信用证　　　　　　　　　第　　　　　　　　　　号

L/C No.____.

日期

Dated__________支取

Payable with interest @________________% per annum

按年息　　　　　　　　付款

号码　　　　　　　　汇票金额　　　　　　　　中国上海　　年　　月　　日

No.____________**Exchange for**____________**Shanghai China**____________.

见票　　　　　　　　　　　日后（本汇票之副本未付）付交

At __________________sight of this **FIRST** of Exchange （Second of exchange　金额　being unpaid）

Pay to the order of

The sum____

款已收讫

Value received

此致

To:________________________.

（章）

任务评价

序　号	评 价 标 准	满　分	得　分
1	能够阅读信用证中关于汇票的要求	20	
2	能够掌握汇票各栏填写要点	20	
3	根据资料填制汇票	60	
总　分		100	

理论习题

一、单选题（以下各小题所给出的 4 个选项中，只有 1 项最符合题目要求，请将正确选项的代码填入括号内）

1. 由出口商签发的要求银行在一定时间内付款并经付款人承兑的汇票（　　）。
   A. 既是商业汇票，又是银行承兑汇票　　B. 既是银行汇票，又是远期汇票
   C. 既是商业汇票，又是银行汇票　　D. 是商业汇票，不是银行承兑汇票
2. 在国际贸易支付方式中，信用证是银行信用，使用的结算工具通常是（　　）。
   A. 商业汇票　　B. 银行承兑汇票
   C. 银行本票　　D. 支票
3. 由出口商签发的要求银行在一定时间内付款的汇票可能是（　　）。
   A. 托收汇票　　B. 远期汇票
   C. 即期汇票　　D. 银行汇票
4. 根据《中华人民共和国票据法》规定，自收到提示汇票承兑之日起（　　）内付款

人必须做出承兑或拒付说明。

A. 10天　　B. 7天　　C. 5天　　D. 3天

5. 支票上的受票人是（　　）。

A. 存款客户　　B. 收款人　　C. 银行　　D. 债权人

6. 信用证的汇票条款注明“drawn on us”，则汇票的付款人是（　　）。

A. 开证申请人　　B. 开证行　　C. 通知行　　D. 受益人

7. 只有背书人在票据背面签名，而不记载被背书人名称的背书为（　　）。

A. 限制性背书　　B. 特别背书

C. 记名背书　　D. 空白背书

8. 在信用证结算方式下，汇票的受款人通常的抬头方式是（　　）。

A. 限制性抬头　　B. 指示性抬头

C. 持票人抬头　　D. 来人抬头

9. 如果信用证要求汇票的票期为提单日后60天，而提单日为2015年7月12日，则下列关于汇票期限表述不正确的是（　　）。

A. 提单日后60天　　B. 提单日为2015年7月12日后60天

C. 2015年7月12日后60天　　D. 2015年9月10日

10. 下列属于法律上无效汇票的是（　　）。

A. 提单日后60天付　　B. 见票后1个月付

C. 仅付给纽约花旗银行指定人　　D. 船只到达青岛口岸时付

11. 国际货物买卖使用托收方式，委托并通过银行收取货款，使用的汇票是（　　）。

A. 商业汇票，属于商业信用　　B. 银行汇票，属于银行信用

C. 商业汇票，属于银行信用　　D. 银行汇票，属于商业信用

12. 在汇票的使用过程中，使汇票转让的环节是（　　）。

A. 背书　　B. 承兑　　C. 付款　　D. 提示

13. 某外贸企业签发一张汇票，以某银行为付款人，则这张汇票是（　　）。

A. 商业承兑汇票　　B. 银行汇票

C. 商业汇票　　D. 进口商

14. 议付信用证项下受益人开具的汇票，如遭付款人拒付时（　　）。

A. 受益人有权行使追索权　　B. 通知行有权行使追索权

C. 议付行有权行使追索权　　D. 开证申请人有权行使追索权

15. 由出票人允诺于规定时间无条件地由他自己向受款人支付一定金额的票据是（　　）。

A. 汇票　　B. 本票　　C. 支票　　D. 发票

16. 对远期汇票的到期日的规定，表述不正确的是（　　）。

A. 计算远期汇票的到期日的规则是算头不算尾

B. 一张商业汇票见票日为1月31日，见票后的一个月和三个月付款的到期日分别为FEB.28/29及APR.30

C. 如汇票到期日适逢周末或节假日，则顺延至下一个银行营业日付款

D. “FROM”或“AFTER”这些词用在票期时，均在其后所接日期的次日起计算，

不包括提及的日期在内。

17. 汇票的收款人有三种表示方式，根据我国票据法的规定，其中凡签发（ ）的汇票无效。

A. 限制性抬头　　B. 记名抬头

C. 持票人或来人抬头　　D. 指示性抬头

18. 信用证规定汇票的期限为 10 DAYS AFTER THE BILL OF LADING DATE，而一张汇票下提交了 4 套不同的海运提单，提单的日期分别为 JANUARY 3, 2015；JANUARY 4, 2015；JANUARY 5, 2015 和 JANUARY 6，2015。根据《国际标准银行实务》(ISBP745)，该汇票的到期日为（ ）。

A. 2015 年 1 月 14 日　　B. 2015 年 1 月 15 日

C. 2015 年 1 月 16 日　　D. 2015 年 1 月 17 日

19. 持票人将汇票提交付款人的行为是（ ）。

A. 承兑　　B. 提示

C. 背书　　D. 退票

20. 付款人在对汇票承兑之前，汇票的主债务人是（ ）。

A. DRAWEE　　B. DRAWER

C. PAYER　　D. PAYEE

21. 某通过 SWIFT MT700 开出的信用证，42D 列明汇票受票人为：×××BANK（开证行），46A（DOCUMENTS REQUIRED）要求提交的单据中包括“金额为 100%发票金额，受票人为信用证申请人的汇票一份”。受益人的交单中两种汇票都有。议付行应（ ）。

A. 只向开证行寄出以开证行为付款人的汇票，退回以申请人为付款人的汇票

B. 向开证行寄出以开证行为付款人的汇票，以申请人为付款人的汇票不予审核，但在寄单面函上作为附加单据列明

C. 对两套汇票都进行审核，并寄出

D. 对两套汇票都不审核，只寄出

22. 在我国，如果即期汇票的出票日为 2010 年 2 月 1 日，此汇票的持票人对出票人行使追索权的最后期限是（ ）。

A. 2011 年 2 月 1 日　　B. 2012 年 2 月 1 日

C. 2013 年 2 月 1 日　　D. 2010 年 8 月 1 日

23. 下列汇票上的支付语句，符合汇票要求的是（ ）。

A. WOULD YOU PLEASE PAY TO ABC COMPANY USD 1 000.00

B. PLEASE PAY TO ABC COMPANY USD 1 000.00 PROVIDED ABC COMPANY SHIPPED GOODS AS SCHEDULED

C. PLEASE PAY TO ABC COMPANY USD 1 000.00 WHEN WE RECEIVE COMMSSION

D. PLEASE PAY TO ABC COMPANY USD 1 000.00

24. 国际货物买卖中，红条款信用证凭以付款的是（ ）。

A. 远期汇票　　B. 信托收据

C. 货运单据　　D. 受益人的光票

25. 商业承兑汇票和银行承兑汇票的分类依据是（　　）。

A. 出票人　　B. 附属单据

C. 承兑人　　D. 承兑地点

26. 如果汇票标明“Pay to ABC Co. only”则说明该汇票为（　　）。

A. 指示抬头汇票　　B. 不记名汇票

C. 不可以流通转让　　D. 无需背书就可以流通转让

27. 如果出票人想避免承担被追索的责任，也可以在汇票上加注（　　）条款。

A. 付一不付二　　B. 见索即偿

C. 不受追索　　D. 单到付款

28. 对于一张经过了五次背书的汇票的持有人而言，其“前手”最多有（　　）个。

A. 3　　B. 6　　C. 5　　D. 4

29. 如果信用证规定汇票的期限为 30 DAYS AFTER THE BILL OF LADING DATE，根据《国际银行标准实务》，用以计算汇票期限的提单日是（　　）。

A. 提单上的签发日期

B. 提单上的装船日期，无论提单签发日期早于或迟于装船日期

C. 已装船提单上的签发日期，如果提单签发日期早于装船日期

D. 已装船提单上的签发日期，如果提单签发日期晚于装船日期

30. 属于汇票必要项目的是（　　）。

A. “付一不付二”的注明　　B. 付款时间

C. 对价条款　　D. 付款人

31. 在我国出口业务中，出口公司开出的汇票在信用证结算方式下出票条款应填写（　　）。

A. 合同号码及签署日期　　B. 发票号码及签署日期

C. 提单号码及签署日期　　D. 信用证号、开证日期、开证行名称

二、多选题（以下各小题给出的 4 个选项中，有 2 个或 2 个以上的选项符合题目要求，请将符合题目要求的选项代码填入括号内）

1. 远期汇票付款期限的规定方法有（　　）。

A. 见票即付　　B. 见票后若干天付

C. 出票后若干天付　　D. 提单日后若干天付

2. 如果信用证没有规定出票依据，那么汇票中一般要填写的出票依据内容有（　　）。

A. 开证行名称　　B. 开证申请人

C. 信用证号码　　D. 开证日期

3. 票据被拒付时，持票人对其前手背书人、出票人、承兑人、保证人或其他汇票债务人行使追索权描述正确的是（　　）。

A. 必须在法定期限内向付款人提示汇票

B. 必须在法定期限内发出退票通知

C. 外国汇票遭到退票时，必须在法定期限内作成拒绝证书

D. 必须在法定期限内行使追索权

4. 信用证项下的汇票出票日期是交单兑用日期，汇票的出票日期（　　）。

A. 不得晚于信用证有效期

B. 不得晚于提单签发日后第 21 日，如信用证没有规定交单期

C. 不得早于其他单据日期

D. 可以早于其他单据日期

5. 根据《中华人民共和国票据法》，汇票上必须记载的事项包括（　　）。

A. 确定的金额　　B. 出票日期

C. 付款人名称　　D. 付款日期

6. 有关于本票和汇票的表述，正确的是（　　）。

A. 汇票是书面支付命令　　B. 本票只出具一份

C. 汇票有两个当事人　　D. 本票是书面支付命令

7. 票据的三个特性是（　　）。

A. 流通性　　B. 无因性

C. 要式性　　D. 规范性

8. 我国票据法规定，汇票必须记载的事项，除了表明“汇票”字样、无条件支付委托和确定的金额以外，还有（　　），如未记载上述规定事项之一的汇票无效。

A. 付款人名称　　B. 出票地

C. 出票日期　　D. 出票人签章

9. 根据票据法的一般规则，以下汇票持票人可视作承兑人或付款人拒付的情况有（　　）。

A. 承兑人或付款人正式作出拒绝

B. 承兑人或付款人已死亡、逃匿或避而不见，持票人经过合理努力仍未找到的

C. 承兑人或付款人已被依法宣告破产的或因违法被责令终止业务活动的

D. 付款人是虚构人物或根本没有资格支付汇票的人，以及经过合理努力后都无法作出付款。

10. 支票与汇票的区别在于（　　）。

A. 前者只能用作结算工具，后者既可做结算和押汇工具，又可以作为信贷工具。

B. 前者无需承兑，后者的远期通常要经过承兑

C. 前者的提示期限较短，后者的提示期限相对要长得多

D. 前者可以止付，后者在承兑后不可撤销

11. 用于议付信用证项下结算的汇票可以是（　　）。

A. 即期汇票　　B. 远期汇票

C. 商业汇票　　D. 银行汇票

12. 有关于汇票金额和币制的表述，正确的是（　　）。

A. 小写金额小数点后保留两位小数，若为整数，则补零。

B. SWIFT 信用证报文中的小写金额把数字的分节号与小数点反着使用

C. 如信用证无特别规定，汇票金额应不超过信用证金额

D. 在金额上可以使用类似 800～1 000 美元的字样

13. 在信用证项下，对汇票的要求有（　　）。

A. 要按照合同的要求来制作汇票　　B. 汇票的受款人可以填受益人名称

C. 汇票号可以用商业发票的号码　　D. 汇票金额与货币应与商业发票的一致

14. 审单时，汇票的审查要求有（　　）。

A. 大小写金额及货币名称和代号必须一致而且规范化，汇票金额不能超出信用证限额

B. 付款期限必须符合合同或信用证的规定

C. 出票人、受款人、付款人必须正确填写

D. 出票条款须正确填写。出票人印章或签字不得遗漏，信用证规定的其他条款满足

15. 常见的规定远期汇票起算日期的方法有（　　）。

A. 自出票日起算　　B. 自提单日起算

C. 自收证日起算　　D. 自开证日起算

16. 下列各项中，有关支票叙述不正确的有（　　）。

A. 是以银行为付款人

B. 出票人应负票据上的责任和法律上的责任

C. 可为即期或远期

D. 开出空头支票的人可以不负法律责任

17. 持票人行使追索权应具备的条件有（　　）。

A. 汇票一切债务已终止

B. 票据遭到拒付或拒绝承兑

C. 持票人在法定期限内向付款人提出承兑或提示付款

D. 票据遭拒付后及时作出拒绝证书，并通知前手

18. 在信用证项下，如使用汇票应明确（　　）。

A. 出票人　　B. 受票人

C. 汇票期限　　D. 汇票金额

19. 国际货物买卖中，汇票的抬头可以表示为（　　）。

A. 仅付公司　　B. 付给卖方

C. 仅付香港汇丰银行指定人　　D. 仅付公司不得转

三、判断题（判断以下各小题的对错，正确的打“√”，错误的打“×”）

1. 背书人对票据负的责任与出票人相同，但对其后手没有担保责任。（　　）

2. 一般而言，票据的背书次数愈多，背书人愈多，票据的担保性也越强。（　　）

3. 在票汇情况下，买方购买了银行汇票寄往卖方，由于采用的是银行汇票，所以，这种付款方式属银行信用。（　　）

4. 采用付款交单凭信托收据借单（D/P・T/R）方式时，若汇票到期后进口商不能付款，一切风险与银行无关。（　　）

5. 背书是信用证项下商业汇票转让的法定程序。（　　）

6. 票据是一种流通证券，所有票据的转让都必须经过背书手续。（　　）

7. 一张未记载付款日的汇票，按惯例可理解为见票后15天付款。（　　）

8. 银行汇票和商业汇票的主要区别在于：前者的出票人和付款人都是银行，后者的出票人和付款人都是工商企业。（ ）

9. 汇票和票汇是同一事物的不同表述。（ ）

10、一张汇票往往可以同时具备几种性质，因此，一张商业汇票同时又可以是银行即期汇票。（ ）

11. 空白背书的汇票凭交付而转让，交付者可以不负背书人责任。（ ）

12. 汇票经背书将汇票的收款权利转让给被背书人后，被背书人在遭拒付时可向其前手行使追索权。（ ）

13. 支票可以做结算和押汇工具，也可以做信贷工具。（ ）

14. 汇票的债务可以由保证人承担保证的责任。不论保证人是否附有条件，均须同样承担保证责任。（ ）

15. 根据《中华人民共和国票据法》的规定，票据金额以中文大写和数字同时记载的，两者必须一致。若两者不一致，则以中文大写为准。（ ）

16. 在我国，持票人有权凭来人汇票要求付款人向其支付汇票所记载的全部金额。（ ）

17. 付款人在向持票人付款时，若手头没有现金，则可以用价值相当的货物代替金钱的支付。（ ）

18. 合格的汇票遭拒付时，持票人有权向背书人和出票人追索。（ ）

19. 本票是付款承诺，无需承兑，其出票人始终是主债务人；汇票需要经付款人承兑，承兑后承兑人成为主债务人，出票人降为从债务人。（ ）

20. 出票人签章是承认自己的债务，收款人因此有了债权，若汇票上没有出票人的签章，则票据不能成立。（ ）

21. 根据《中华人民共和国票据法》，承兑附有条件的，视为拒付。（ ）

22. 一张已经连续背书的票据，如果其中一个人背书时加注了“不得追索”字样，这张票据遭拒付时就丧失了追索权。（ ）

23. 远期汇票经承兑人承兑后，出票人成为主债务人，承兑人成为第一从债务人。（ ）

24. 画线支票可以委托银行收款入账，也可以由持票人提取现金。（ ）

25. 票据的转让必须通知债务人方为有效。（ ）

26. 本票仅限于见票即期付款，而汇票和支票则有即期和远期付款之分。（ ）

27. 只有银行承兑汇票才可在贴现市场上贴现。（ ）

28. 通常情况下，汇票、提单和保险单的抬头人分别是收款人、收货人和被保险人。（ ）

29. 汇票是出票人命令另一人付款，本票是出票人自己保证付款。（ ）

30. 银行汇票是光票，商业汇票是跟单汇票。（ ）

31. 本票的出票人在任何情况下都是主债务人。（ ）

32. 银行本票可以是远期的，远期本票像远期汇票一样也存在承兑行为。（ ）

33. 信用证可以要求提交以开证申请人为付款人的汇票作为所需单据的一种，但是不能

开成凭以申请人为付款人的汇票兑用。（ ）

34. 假远期信用证项下的汇票付款期限一栏中，应填写的是远期付款的期限。（ ）

35. 汇票、本票、支票都可以分为即期和远期。（ ）

36. 出票即是票据的签发，指由出票人写成汇票并在汇票上签字的行为。（ ）

37. 本票只能签发一式一份，汇票可以签发一式两份或多份（银行汇票除外）。（ ）

38. 汇票一般为一式两份，每份都具有同等的效力，其中一份付讫，另一份则自动失效。（ ）

39. 如果汇票上加注“按某号信用证开立”“按某合同装运某货物”，则构成支付的附加条件，该汇票无效。（ ）

40. 作为可以支取信用证金额的凭证，汇票在本质上是一种单据，而不是票据。（ ）

6

项目六

保险单据和原产地证书

任务一　缮制保险单

学习目标

【知识目标】

1. 了解保险单的含义及作用。
2. 理解保险单缮制的注意事项。
3. 保险单的内容和缮制填写的要点。

【技能目标】

1. 能够看懂信用证中的保险条款。
2. 能够独立正确填写保险单。

知识链接

认识保险单

一、保险单的含义及作用

保险单（Insurance Policy）简称保单，是保险人与被保险人订立保险合同的正式书面证明。保险单必须明确、完整地记载有关保险双方的权利和义务，被保险人在保险标的遭受意外事故而发生损失时，它是被保险人向保险人索赔的主要凭证，同时也是保险人收取保险费的依据。

二、缮制保险单注意事项

（1）投保申报情况必须属实。

（2）投保险别、币制与其他条件必须和信用证上所列保险条件的要求相一致。

（3）投保险别和条件要和买卖合同或信用证上所列保险条件相符合。

（4）若投保后发现投保项目有错漏，要及时向保险公司申请批改，如保险目的地变动、船名错误及保险金额增减等。

三、信用证中的海运提单条款示例

（1）MARINE INSURANCE POLICY OF CERTIFICATE IN DUPLICATE, INDORSED IN BLANK, FOR FULL INVOICE VALUE PLUS 10 PERCENT STATING CLAIM PAYABLE IN THAILAND COVERING FPA AS PER OCEAN MARINE CARGO CLAUSE OF THE PEOPLE'S INSURANCE COMPANY OF CHINA DATED 1/1/1981，INCLUDING T.P.N.D.LOSS AND/OR DAMAGE CAUSED BY HEAT, SHIP'S SWEAT AND ODOUR,

HOOP-RUST，BREAKAGE OF PACKING.

保险单或保险凭证一式二份，空白背书，按发票金额加 10%投保，声明在泰国赔付，根据中国人民保险公司 1981 年 1 月 1 日的海洋运输货物保险条款投保平安险，包括偷窃提货不着、受热船舱发汗、串味、铁箍锈损、包装破裂所导致的损失。

（2）INSURANCE POLICIY OR CERTIFICATE IN DUPLICATE ENDORSED IN BLANK OF 110% OF INVOICE VALUE COVERING ALL RISKS AND WAR RISKS AS PER CIC WITH CLAIMS PAYABLE AT SINGAPORE IN THE CURRENCY OF DRAFT（IRRESPECTIVE OF PERCENTAGE），INCLUDING 60 DAYS AFTER DISCHARGES OF THE GOODS AT PORT OF DESTINATION（OF AT STATION OF DESTINATION）SUBJECT TO CIC.

保单或保险凭证做成空白背书，按发票金额的 110%投保中国保险条款的一切险和战争险，按汇票所使用的货币在新加坡赔付（无免赔率），并根据中国保险条款，保险期限在目的港卸船（或在目的地车站卸车）后 60 天为止。

（3）INSURANCE POLICY OR CERTIFICATE IN TWO FOLDS ISSUED TO THE APPLICANT，COVERING RISKS AS PER INSTITUTE CARGO CLAUSES（A），AND INSTITUTE WAR CLAUSES（CARGO）INCLUDING WAREHOUSE TO WAREHOUSE CLAUSE UP TO FINAL DESTINATION AT SCHORNDORF FOR AT LEAST 110% OF CIF VALUE，MARKED PREMIUM PAID SHOWING CLAIMS IF ANY PAYABLE IN GERMANY，NAMING SETTLING AGENT IN GERMANY.

此保单或保险凭证签发给开证人，按伦敦保险协会条款投保 ICC（A）和协会战争险，包括仓至仓条款到达最后目的地绍尔恩多尔夫，至少按 CIF 价发票金额投保，标明保费已付，注明在德国赔付，同时表明在德国理赔代理人的名称。

知识强化

明确保险单的填制内容

PICC 中国人民财产保险股份有限公司
PICC Property and Casualty Company Limited
总公司设于北京　　一九四九年创立
Head Office: BEIJING　　Established in 1949

货物运输保险单 CARGO TRANSPORTATION INSURANCE POLICY

发票号码:　　保险单号：保险单号码
INVOICE NO.　　POLICY NO. 此栏填写保险公司指定号码

被保险人：投保人，一般为出口商

中国人民财产保险股份有限公司（以下简称本公司）要求，以被保险人向本公司缴付约定的保险费为对价，按照本保险单列明条款承保下述货物运输保险，特订立本保险单。

THIS POLICY OF INSURANCE WITNESSES THAT PICC PROPERTY AND CASUALTY COMPANY LIMITED（HEREINAFTER

CALLED "THE COMPANY") AT THE REQUEST OF THE INSURED AND IN CONSIDERATION OF THE AGREED PREMIUM PAID TO THE COMPANY BY THE INSURED

UNDERTAKES TO INSURE THE UNDERMENTIONED GOODS IN TRANSPORATION SUBJECT TO THE CONDITIONS OF THIS POLICY AS PER THE CLAUSES PRINTED BELOW.

标记 MARKS & NOS.INSURED	包装及数量 QUANTITY	保险货物项目 GOODS	保险金额 AMOUNT INSURED
应与发票、提单等一致，也可只填"AS PER INVOICE NO. ×××"	填写总的外包装数量，与提单同一栏内容相同	货物描述 备注：如果要加注信用证号码等额外要求也可填在此栏中	保险金额=发票金额×（1+投保加成率） 保留整数

总保险金额：

TOTAL AMOUNT INSURED：保险金额的大写，格式 SAY U.S.DOLLARS ×××××ONLY

保费　一般已由保险公司印

PREMIUM: AS ARRANGED（如约定）字样

启运日期

DATE OF COMMENCEMENT：装运日期

装载运输工具

PER CONVEYANCE: 船名航次

自：　　经：　　至：

FROM: 装运港　　VIA: 中转港　　TO: 目的港

CONDITIONS：此栏系保险单的核心内容，填写时应注意保险险别及文句与信用证严格一致

所保货物如发生保险单项下可能引起索赔的损失，应立即通知本公司或下述代理人查勘。如有索赔，应向本公司提交保险单正本（本保险单共有　贰　份正本）及有关证件。如一份正本已用于索赔，其余正本自动失效。

IN THE EVENT OF LOSS OR DAMAGE WHICH MAY RESULT IN A CLAIM UNDER THIS POLICY, IMMEDIATE NOTICE MUST BE GIVEN TO THE COMPANY OR AGENT AS MENTIONED. CLAIMS，IF ANY，ONE OF THE ORIGINAL POLICY WHICH HAS BEEN ISSUED IN　2　ORGINALS TOGETHER WITH THE RELEVANT DOCUMENTS SHALL BE SURRENDERED TO THE COMPANY. IF ONE OF THE ORIGINAL POLICY HAS BEEN ACCOMPLISHED, THE OTHERS TO BE VOID.

赔款偿付地点：

CLAIM PAYABLE AT　一般将目的港作为赔付地点。赔款货币一般为投保额相同的货币

日期：

DATE：此栏指保险单的签发日期。不得迟于提单日期

任务实施

缮制保险单

步骤一：

请认真阅读下述资料，制作保险单，要求格式清楚、内容完整。

1．DC NO.: 291-13-6777123　　DATED: 20130914

2．BENEFICIARY: SHANGHAI INTERNATIONAL TRADE CO., LTD
15/D,YU AN MANSION 738 DONGFANG ROAD, SHANGHAI, CHINA

3．APPLICANT: COMPANG INDUSTRIAL DE CIMENTO APODI,AV.
VIGILIOTRVORA,1701, SL 106, FORTALEZA, CE, BRAZIL

4．SHIPMENT: PARTIAL SHIPMENTS ARE ALLOWED, TRANSSHIPMENT IS ALLOWED.
SHIPMENT FROM SHANGHAI TO PECEM PORT, BRAZIL. LATEST 20131010
OCEAN VESSEL VOYAGE: CHANGXING 188 V.098
ON BOARD DATE: 20131006

5．COVERING: PLASTIC TABLEWARE

ART NO.	QUANTITY	UNIT PRICE
PT23	1 800PCS	USD5.00/PC
PT27	5 200PCS	USD3.50/PC

6．SHIPPING MARKS: N/M

7．PACKAGE: 100PCS PACKED IN ONE CARTON
G.W: @25KGS　　N.W: @20KGS　　MEAS: @0.80CBM

8．CONTRACT NO.: ST130801　　DATE: 20130801
INVOICE NO.: SIT13005　　DATE: 20131005　　B/L NO.: JS-CGS134

9．POLICY NO.: NB20130930　DATE: 20130930

10．DOCUMENTS REQUIRED:

+INSURANCE POLICIES OR CERTIFICATE IN DUPLICATE ENDORSED IN BLANK OF 110% OF INVOICE VALUE COVERING ALL RISKS AND WAR RISKS AS PER CIC WITH CLAIMS PAYABLE AT PECEM PORT IN THE CURRENCY OF DRAFT（IRRESPECTIVE OF PERCENTAGE）, INCLUDING 60 DAYS AFTER DISCHARGES OF THE GOODS AT PORT OF DESTINATION（OF AT STATION OF DESTINATION）SUBJECT TO CIC.

步骤二：

根据上述资料，请认真下列保险单。

PICC 中国人民财产保险股份有限公司
PICC Property and Casualty Company Limited

总公司设于北京　　一九四九年创立
Head Office: BEIJING　　Established in 1949

货物运输保险单 CARGO TRANSPORTATION INSURANCE POLICY

发票号码:　　保险单号:
INVOICE NO.　　POLICY NO.

被保险人: ____________________

中国人民财产保险股份有限公司（以下简称本公司）要求，以被保险人向本公司缴付约定的保险费为对价，按照本保险单列明条款承保下述货物运输保险，特订立本保险单。

THIS POLICY OF INSURANCE WITNESSES THAT PICC PROPERTY AND CASUALTY COMPANY LIMITED（HEREINAFTER CALLED "THE COMPANY"）AT THE REQUEST OF THE INSURED AND IN CONSIDERATION OF THE AGREED PREMIUM PAID TO THE COMPANY BY THE INSURED UNDERTAKES TO INSURE THE UNDERMENTIONED GOODS IN TRANSPORATION SUBJECT TO THE CONDITIONS OF THIS POLICY AS PER THE CLAUSES PRINTED BELOW.

标 记 MARKS & NOS. INSURED	包装及数量 QUANTITY	保险货物项目 GOODS	保险金额 AMOUNT INSURED

总保险金额：
TOTAL AMOUNT INSURED：

保费 PREMIUM：

启运日期 DATE OF COMMENCEMENT：

装载运输工具
PER CONVEYANCE：

自：FROM：

经：VIA

至：TO：

CONDITIONS：

所保货物如发生保险单项下可能引起索赔的损失，应立即通知本公司或下述代理人查勘。如有索赔，应向本公司提交保险单正本（本保险单共有______份正本）及有关证件。如一份正本已用于索赔，其余正本自动失效。

IN THE EVENT OF LOSS OR DAMAGE WHICH MAY RESULT IN A CLAIM UNDER THIS POLICY, IMMEDIATE NOTICE MUST BE GIVEN TO THE COMPANY OR AGENT AS MENTIONED. CLAIMS，IF ANY，ONE OF THE ORIGINAL POLICY WHICH HAS BEEN ISSUED IN______ ORGINALS TOGETHER WITH THE RELEVANT DOCUMENTS SHALL BE SURRENDERED TO THE COMPANY. IF ONE OF THE ORIGINAL POLICY HAS BEEN ACCOMPLISHED, THE OTHERS TO BE VOID.

赔款偿付地点：
CLAIM PAYABLE AT

日期：
DATE：

任务评价

序 号	评 价 标 准	满 分	得 分
1	能够阅读信用证中关于保险单的要求	20	
2	能够掌握保险单各栏填写要点	20	
3	根据资料填制保险单	60	
	总 分	100	

理 论 习 题

一、**单选题**（以下各小题所给出的4个选项中，只有1项最符合题目要求，请将正确选项的代码填入括号内）

1. 信用证规定投保额为发票金额的110%，发票上注明CIF货价（毛）额USD1 000，其中包括3%的佣金和2%的折扣，则投保金额应为（ ）。

A. 1 078USD　　B. USD1 067　　C. USD1 045　　D. USD1 100

2. 某公司出口货物在运输途中遭遇风暴，运输船舶与货物均沉入海底。该公司损失的货物应属于（　　）。

A. 共同损失　　B. 共同海损　　C. 部分损失　　D. 全部损失

3. 如果 CIF 条件成交，D/P 远期付款，出口商为安全起见，投保了“卖方利益险”，货物虽安全到达目的港，但买方却借故不赎单，在这种情况下，（　　）。

A. 因货运单已全部由出口商背书转让，所以保险公司只对买方提出的索赔负责

B. 保险公司对出口商由此造成的损失不负赔偿责任

C. 承运人应对出口商的损失负赔偿责任

D. 保险公司对出口商由此造成的损失应负赔偿责任

4. 某批出口货物投保了水渍险，在海洋运输过程中由于雨淋致使货物遭受部分损失，这样的损失保险公司将（　　）。

A. 在被保险人同意的情况下，保险公司负责赔偿被雨淋湿的部分

B. 负责赔偿被雨淋湿的部分

C. 不给于赔偿

D. 负责赔偿整批货物

5. 被保险人向保险人索赔的主要依据是（　　）。

A. 运输单据　　B. 金融单据　　C. 保险单据　　D. 提货单

6. 目前仅在中国香港、中国澳门和东南亚地区一些中资银行由华商开来的信用证中出现的单据为（　　）。

A. 保险凭证　　B. 保险单　　C. 保险通知书　　D. 联合保险凭证

7. 航空运输途中，如被保险货物未到达保险单所载仓库或储存处所，则以被保险货物在最后卸货地卸离飞机起，索赔期限为（　　）。

A. 60 天　　B. 90 天　　C. 30 天　　D. 180 天

8. 在保险人所承保的海上风险中，搁浅、触礁属于（　　）

A. 自然灾害　　B. 一般外来风险　　C. 意外事故　　D. 特殊外来风险

9. 北京静新进出口公司以每套 100 美元 CIF 纽约向美国全钦公司出口西服 2 000 打。货物出口前，由北京静新进出口公司向中国人民保险公司投保一切险和战争险。一切险和战争险的保险费率分别为 1%和 0.3%，按发票金额 110%投保。该批货物的保险费为（　　）美元。

A. 34 320　　B. 2 640 000　　C. 2 200　　D. 32 200

10. 运输工具遭受海难后在避难港卸货所引起的损失和费用属于（　　）。

A. 额外费用　　B. 施救费用　　C. 特别费用　　D. 救助费用

11. 以 FOB/CIF 术语成交的合同，应当由（　　）来办理保险。

A. 买方/买方　　B. 卖方/买方　　C. 买方/卖方　　D. 卖方/卖方

12. 水渍险的英文简称是（　　）。

A. AR　　B. TPND　　C. FPA　　D. WA

13. 我方按 CIF 贸易术语对外发盘，下列险别中，作为保险条款提出，妥当的是（　　）。

A. 战争险、罢工险、偷窃提货不着险
B. 钩损险、淡水雨淋险、一切险
C. 平安险、战争险、一切险
D. 水渍险、受潮受热险

14. 预约保险单，又称开口保险单，它一般适用于（　　）。
A. 经常有相同类型货物需要陆续装运的保险
B. 投保人与保险人订立保险合同时，在还有一些条件尚未确定而投保人又急需保险凭证的情况下，由保险人先行开立的
C. 保险单出立后，根据投保人的要求，对保险内容补充或变更而出具的一种凭证
D. 是保险人签发正式保单前所出立的临时证明

15. 根据《2010 国际贸易术语解释通则》的解释，按 CIF 术语成交的合同，由卖方办理货运保险，货物在运输途中由于海轮触礁沉没全部灭失，此损失应由（　　）。
A. 船方负担赔偿　　B. 买方向保险公司索赔
C. 卖方向保险公司索赔　　D. 卖方负担赔偿

16. 对于 ICC 战争险和 CIC 战争险，下列表述正确的是（　　）。
A. 前者能单独投保，后者不能单独投保
B. 前者不能单独投保，后者可以单独投保
C. 两者都不能单独投保
D. 两者都能单独投保

17. 按照《UCP 600》与《INCOTERMS 2010》等国际惯例，如果合同中没有具体约定投保金额，至少要在 CIF 总值的基础上（　　）。
A. 加二成　B. 加一成　C. 加四成　D. 加三成

18. 根据我国《海洋货物运输保险条款》的规定，“一切险”包括（　　）。
A. 11 种一般附加险加特殊附加险　　B. 水渍险加特殊附加险
C. 水渍险加 11 种一般附加险　　D. 平安险加 11 种一般附加险

19. 我国海运基本险的责任起讫采用（　　）。
A. 船至船条款　B. 港至港条款　C. 门对门条款　D. 仓至仓条款

20. 在海洋货物运输保险业务中，共同海损（　　）。
A. 是推定全损　　B. 是全部损失的一种
C. 有时为部分损失，有时为全部损失　　D. 是部分损失的一种

21. 在保险人所承担的海上风险中，恶劣气候、地震属于（　　）。
A. 自然灾害　B. 意外事故　C. 一般外来事故　D. 特殊外来事故

22. 根据我国《海洋货物运输保险条款》的规定，承保范围最小的基本险别是（　　）。
A. 平安险　B. 水渍险　C. 一切险　D. 罢工险

23. 预约保险是指根据预约保险合同，投保人以（　　）替代投保单，保险公司负自动承保的责任。
A. 大副收据　　B. 买卖合同
C. 海运提单　　D. 国外寄来的装运通知

24. 为防止运输途中货物被窃，应该投保（ ）。

A. 一切险、偷窃险　　B. 水渍险

C. 平安险、偷窃险　　D. 一切险、平安险、偷窃险

25. 某外贸公司出口茶叶 5 吨，在海运途中遭受暴风雨，海水涌入仓内，致使全部茶叶发霉变质，在目的港只能以低价出售给农场作为肥料。这种损失属于（ ）。

A. 实际全损　　B. 推定全损

C. 共同海损　　D. 单独海损

26. 船舶搁浅时，为使船舶脱险而雇用拖驳强行脱浅所支出的费用，属于（ ）。

A. 实际全损　　B. 推定全损

C. 共同海损　　D. 单独海损

27. 某公司出口 500 箱货物，投保了平安险，在装船时出现两次脱钩，第一次脱钩使 20 箱货物落于码头而全部损坏，第二次脱钩又使 17 箱货物掉入海中被水浸泡而丧失其使用价值，保险公司对此（ ）。

A. 不予赔偿　　B. 仅赔偿第一次脱钩的损失

C. 仅赔偿第二次脱钩的损失　　D. 两次脱钩的损失均赔偿

28. 根据现行伦敦保险协会制定的《协会货物条款》（Institute Cargo Clause，ICC）条款之规定，能单独投保的承保风险最小的险别是（ ）。

A. ICC（A）　B. ICC（B）　C. ICC（C）　D. 恶意损害险

29. 根据《中国保险条款》（China Insurance Clause，CIC），不能单独投保的险别是（ ）。

A. 平安险　B. 罢工险　C. 水渍险　D. 一切险

30. 保险期限仅限于水上危险或运输工具上的危险的是（ ）。

A. 短量险　B. 舱面险　C. 战争险　D. 罢工险

31. 按照我国《陆上运输货物保险条款》进行保险索赔，时效是从被保险货物在最后目的地车站全部卸离车辆后计算，最多不超过（ ）。

A. 一年　B. 两年　C. 6 个月　D. 五年

32. 在国际货物运输保险中，按照《中国保险条款》CIC 不能单独投保的险别是（ ）。

A. 战争险　B. 水渍险　C. 平安险　D. 一切险

33. ICC（A）的承保风险类似中国保险条款中的（ ）。

A. 一切险　B. 水渍险　C. 平安险　D. 附加险

34. 下列风险中属于一般附加险的承保责任范围的是（ ）。

A. 受潮造成的损失 B. 海啸和地震所造成的损失

C. 船舶触礁造成的损失　　D. 原子弹、氢弹等武器所造成的损失

35. CIC“特殊附加险”是指在特殊情况下，要求保险公司承保的险别，（ ）。

A. 可单独投保两项以上的“特殊附加险”

B. 不能单独投保

C. 一般可以单独投保

D. 在保险人同意的情况下，可以单独投保

36. CIF 合同的货物在装船后因火灾被焚，应由（ ）。

A. 买方负责请求保险公司赔偿　　B. 承担运费的一方赔偿

C. 卖方承担损失　　D. 卖方负责请求保险公司赔偿

37. 我国某公司从德国进口一批电冰箱，以 CIF Shanghai 成交，运货船只在途经马六甲海峡附近时遭海盗洗劫，货物尽失，而该货物只投保了平安险，这种损失应由（　　）承担。

A. 卖方　　B. 运输公司　　C. 保险公司　　D. 买方

38. 我方按 CIF 条件出口一批陶瓷制品，由于信用证中没有规定具体的投保险别，在办理投保手续时，一般可按（　　）投保。

A. 一切险+碰损破碎险　　B. 平安险+碰损破碎险

C. 平安险+水渍险　　D. 一切险+水渍险

39. 下列属于推定全损的是（　　）。

A. 被保险货物遭受严重损害，已丧失了原有的用途和价值，如水泥遭海水浸泡后变成水泥硬块，无法使用

B. 被保险货物完全灭失，如船只遇海难后沉没，货物同时沉入海底

C. 被保险人对被保险货物的所有权已无可挽回地被完全剥夺，如船、货被海盗劫去或被敌对国扣押

D. 修理受损保险标的的费用将超过修复后的价值

40. 根据我国《海洋货物运输保险条款》的规定，下列对由于自然灾害造成的部分损失承担保险责任的险种为（　　）。

A. 水渍险　　B. 淡水雨淋险　　C. 短量险　　D. 平安险

41. 某货轮在航行途中，A 舱失火，船长误以为 B 舱也同时失火，命令对两舱同时施救，A 舱共有两批货物，甲批货物全部焚毁，乙批货物为棉织被单，全部遭受水浸；B 舱货物也全部遭受水浸。那么，（　　）。

A. A 舱乙批货物属共同海损，B 舱货物属单独海损

B. A 舱乙批货物与 B 舱货物都属共同海损

C. A 舱乙批货物与 B 舱货物都属单独海损

D. A 舱乙批货物属单独海损，B 舱货物属共同海损

42. 我国现行海洋货物保险条款中，可承保船长、船员罢工等行为的是（　　）。

A. 战争险　　B. 罢工险　　C. 平安险　　D. 一切险

43. 保险单中的赔付地点一般填写（　　）。

A. 起运港（地）　　B. 投保人所在地

C. 目的港（地）　　D. 保险公司所在地

44. 与陆运险的承保范围相似的海洋运输货物保险险种是（　　）。

A. 战争险　　B. 水渍险　　C. 一切险　　D. 平安险

45. 被保险人把残存被保险货物的全部权利和义务转让给保险公司，并请求保险公司赔付全额保险的前提是被保险货物发生了（　　）。

A. 部分损失　　B. 实际全损　　C. 推定全损　　D. 共同海损

46. 以 CIF 术语成交的合同在履行时，如果信用证没有特别约定，保险单的被保险人一栏应该填（　　）。

A. 进口商名称　　B. To whom it may concern
C. To order　　D. 出口商名称

二、多选题（以下各小题给出的4个选项中，有2个或2个以上的选项符合题目要求，请将符合题目要求的选项代码填入括号内）

1. 伦敦保险协会海运货物保险条款所规定的险别中可单独投保的是（　　）。
A. ICC（A）、ICC（B）、ICC（C）　　B. 协会战争条款
C. 协会罢工条款　　D. 恶意损害条款

2. 我公司以CIF条件与国外客户达成一笔出口交易，我公司应负责替国外客户投保，如合同无具体约定，按照国际商会《INCOTERMS 2010》的规定，可只投保（　　）即满足要求。
A. ICC（C）　　B. 一切险　　C. 平安险　　D. 水渍险

3. 根据情况适用，进口索赔的对象可能为（　　）。
A. 保险公司　　B. 承运人　　C. 出口方　　D. 银行

4. 当前，在进出口业务实践中所应用的海上货物运输保险单据有（　　）。
A. 保险单　　B. 保险凭证
C. 联合保险凭证　　D. 批单

5. 我山东一公司对外出口大枣100吨，在货轮驶往目的港途中，遇热带风暴，海水浸入船舱内，导致全部大枣受水浸泡变质，如该批货物已办理了相应的保险，那么这种损失属于其保险责任范围之内的险别有（　　）。
A. 平安险　　B. 水渍险　　C. 一切险　　D. 特别附加险

6. 出口茶叶，为防止运输途中串味，办理保险时，应投保（　　）。
A. 串味险　　B. 平安险加串味险
C. 水渍险加串味险　　D. 一切险

7. 在海上货物运输保险业务中，属于自然灾害风险的有（　　）。
A. 恶劣气候　　B. 雷电　　C. 海啸　　D. 地震

8. 根据我国现行《海洋货物运输保险条款》的规定能够独立投保的险种有（　　）。
A. 平安险　　B. 水渍险　　C. 一切险　　D. 战争险

9. 国际货物买卖合同中的保险条款内容是（　　）。
A. 投保险别　　B. 保险金额
C. 保险费　　D. 保险单证和保险适用条款

10. 平安险是海洋货物运输保险的主要险种之一。包括在平安险的责任范围之内的有（　　）。
A. 被保险货物在运输途中由于自然灾害造成的全部损失
B. 被保险货物在运输途中由于自然灾害造成的部分损失
C. 共同海损的牺牲、分摊
D. 共同海损的救助费用

11. 以下关于保险凭证的表述，正确的有（　　）。
A. 俗称小保单，是一种简化的保险单

B. 与保险单具有同等效力

C. 既有正面内容，又有背面内容

D. 在实务中，保险凭证可以代替保险单

12. 构成共同海损的条件有（　　）。

A. 必须是自然灾害造成的损失

B. 采取的措施必须是为了解除船货共同危险，是有意和合理的

C. 所作的牺牲是特殊的，所付的支出是额外的

D. 所作的牺牲和支出的费用必须是有效的

13. 保险货物发生推定全损时，保险人接受委付的法律后果是（　　）。

A. 保险人取得向有过失的第三人代位追偿的权利

B. 保险人一旦接受委付就不得撤回委付

C. 如果保险人向第三人追偿所得超过其赔付额，应当将超出部分返还被保险人

D. 保险人取得残存货物的所有权

14. 共同海损属于部分损失，保险公司应给予赔偿的有（　　）。

A. 共同海损牺牲　　B. 损失引起的商业利益的减损

C. 共同海损分摊　　D. 共同海损费用

15. 下列选项正确的是（　　）。

A. 被保险人委付，保险人必须接受

B. 被保险人委付，保险人可以接受，也可以不接受

C. 保险委付发生于推定全损时，被保险人选择以部分损失向保险人求偿的情况

D. 保险委付发生于推定全损的情况下

16. 投保了一切险后，还可以根据情况加保（　　）。

A. 战争险　　B. 交货不到险

C. 淡水雨淋险　　D. 舱面险

三、判断题（判断以下各小题的对错，正确的打"√"，错误的打"×"）

1. 保险加成的目的是用来弥补进口商经营管理费用和预期利润的损失。（　　）

2. 我某公司按 FOB 术语进口时，在国内投保了一切险，保险公司的保险责任起应为"仓至仓"。（　　）

3. 载货船舶在运输途中搁浅，船长有意且合理地下令将部分货物抛入海中，使船舶得以继续航行至目的港。上述搁浅和抛货损失均属于共同海损。（　　）

4. 水渍险是我国的俗称，其英文的原意是：负责单独海损。（　　）

5. 保险单通常为一式两份，被保货物出险时，只要将其中一份交保险公司便可得到理赔。（　　）

6. 水渍险的责任范围除包括平安险的各项责任外，还负责被保货物由于恶劣气候、雷电、海啸、地震、洪水等自然灾害造成的部分损失。（　　）

7. 船舶失踪达到半年以上可作为推定全损处理。（　　）

8. 按国际保险市场惯例，大保单与小保单具有同等法律效力。（　　）

9. 当被保险货物遭受承保范围内的灾害事故时，由保险人或被保险人以外的第三者采

取救助行为而花费的费用叫施救费用。（　　）

10. 海上保险业务中的意外事故，仅局限于发生在海上的意外事故。（　　）

11. 水渍险承保的是淡水水渍引起的损失。（　　）

12. 偷窃、提货不着险和交货不到险均在一切险的范围内，只要投保一切险，收货人如果提不到货，保险公司均应该负责赔偿。（　　）

四、计算题

1. 我出口公司规定按发票金额 110%投保，如发票金额是 1 200 美元，投保金额是多少？又如投保一切险和战争险，前者保险费率为 0.6%，后者保险费率为 0.04%，共应付多少保险费？

2. 我方出口货物 3 000 件，对外报价为 2 美元/件，CFR 纽约。为避免漏保，客户来证要求我方装船前按 CIF 总值代为办理投保手续。经查，该货的保险费率为 0.8%。我方应支付的保险金额和保险费是多少？

五、案例题

1. 某远洋运输公司的“东风”号轮在 6 月 28 日满载货物起航，出公海后由于风浪过大偏离航线而触礁，船底划破长 2 米的裂缝，海水不断渗入。为了船货的共同安全，船长下令抛掉 A 舱的所有钢材并及时组织人员堵塞裂缝，但无效果。为使船舶能继续航行，船长请来救援队施救，共支出 5 万美元施救费。船的裂缝补好后继续航行，不久，又遇恶劣气候，入侵海水使 B 舱的底层货物严重受损，放在甲板上的 2 000 箱货物因没有采用集装箱装运也被风浪卷入海里。请问：以上的损失，各属什么性质？投保什么险别的情况下，保险公司应给予赔偿？

2. 出口一批陶瓷，投保平安险，由 A、B 两轮分别载运。A 轮在途中遇暴风雨袭击，船舶激烈颠簸，陶瓷相互碰撞发生部分损失，请问货主能否从保险公司得到赔偿？B 轮在途中与 C 轮发生碰撞事故，陶瓷也发生部分损失，请问在这种情况下，货主能否从保险公司得到赔偿？

任务二 缮制原产地证书

学习目标

【知识目标】

1. 了解原产地证书的含义及作用。
2. 了解原产地证书的种类。
3. 掌握原产地证书的内容和缮制填写的要点。

【技能目标】

1. 能够看懂信用证中的原产地证书条款。
2. 能够独立填写原产地证书。

知识链接

认识原产地证书

一、原产地证书的含义及作用

原产地证书（Certificate of Origin）是出口商应进口商要求而提供的、由公证机构或政府或出口商出具的证明货物原产地或制造地的一种证明文件。原产地证书是贸易关系人交接货物、结算货款、索赔理赔，以及进口国通关验收、征收关税的有效凭证，它还是出口国享受配额待遇、进口国对不同出口国实行不同贸易政策的凭证。

二、原产地证书的分类

（1）普惠制原产地证明书（FORM A）。普惠制原产地证书是具有法律效力的出口产品在给惠国享受在最惠国税率基础上进一步减免进口关税的官方凭证。

（2）一般原产地证明书（CO）。一般原产地证书是证明货物原产于某一特定国家或地区，享受进口国正常关税（最惠国）待遇的证明文件。它的适用范围是征收关税、贸易统计、保障措施、歧视性数量限制、反倾销和反补贴、原产地标记、政府采购等方面。

（3）区域性经济集团互惠原产地证书。区域优惠原产地证书是具有法律效力的，在协定区域成员国之间就特定产品享受互惠减免关税待遇的官方凭证。

（4）专用原产地证书。专用原产地证书是国际组织和国家根据政策和贸易措施的特殊需要，针对某一特殊行业的特定产品规定的原产地证书。

知识强化

明确原产地证书的填制内容

一、一般原产地证书

ORIGINAL

<table>
<tr><td colspan="2">1. Exporter（full name and address）
出口人
填写出口商详细名称、地址及国别</td><td colspan="3" rowspan="2">CERTIFICATE No. 原产地证号码

CERTIFICATE OF ORIGIN
OF
THE PEOPLE'S REPUBLIC OF CHINA</td></tr>
<tr><td colspan="2">2. Consignee（full name and address）
收货人
填写进口商详细名称、地址及国别</td></tr>
<tr><td colspan="2">3. Means of transport and route
运输方式和路线
FROM 装运港 TO 目的港 VIA 中转港 BY 运输方式</td><td colspan="3" rowspan="2">5. For certifying authority use only</td></tr>
<tr><td colspan="2">4. Destination port
目的地国家/地区名</td></tr>
<tr><td>6. Marks and numbers of packages
唛头</td><td>7. Description of goods; Number and kind of packages
1. 包装件数及种类（注明大写）、货物描述在紧接的一栏输入符号“******”，以防添加内容。
2. 包装种类数量、货物描述（统称）
3. 信用证的特殊要求也可以填在此栏
例：THREE HUNDRED（300）CARTONS OF SCREW
***</td><td>8. H.S. CODE
H.S.编码
填写商品编码，不得留空</td><td>9. Quantity or weight
数量
填写出口货物的数量及商品的计量单位，也可填写货物的毛重</td><td>10. Number and date of invoices
发票的号码和日期</td></tr>
<tr><td colspan="2">11. Declaration by the exporter
The undersigned hereby declares that the above details and statements are correct; that all the goods were produced in China and that they comply with the Rules of Origin of the People's Republic of China.
署上公司名称（加盖公章）、手签，并注明签署地点（多为装运港）及日期。该日期不能迟于装船日期。

Place and date， signature and stamp of authorized signatory</td><td colspan="3">12. Certification
It is hereby certified that the declaration by the exporter is correct.
由签证机关手签、加盖公章。签署地点和日期通常由出口商事先填写。

Place and date, signature and stamp of certifying authority</td></tr>
</table>

二、普惠制原产地证书

ORIGINAL

1．Goods consigned from（Exporter's business name, address, country） 出口人 填写出口商详细名称、地址及国别	Reference No.: 普惠制产地证编号 **GENERALIZED SYSTEM OF PREFERENCES** **CERTIFICATE OF ORIGIN** （Combined declaration and certificate） **FORM A** Issued in **THE PEOPLE'S REPUBLIC OF CHINA** （country）
2．Goods consigned to（Consignee's name, address, country） 收货人 填写进口商详细名称、地址及国别	
3．Means of transport and route（as far as known） 运输方式和路线 FROM 装运港 TO 目的港 BY 运输方式 VIA 中转港	4．For official use

5．Item number	6. Marks and numbers	7．Number and kind of packages; description of goods	8．Origin criterion	9．Gross weight or other quantity	10．Number and date of invoices
项目号 按不同品种分列“1”“2”，以此类推。 单项商品，此栏填“1”	唛头	1．包装件数及种类（注明大写）、货物描述 在紧接的一栏输入“******”符号 2. 包装种类数量、货物描述（统称） 3. 信用证的特殊要求也可以填在此栏 例：THREE HUNDRED（300）CARTONS OF SCREW ********************	原产地标准 完全自产，填“P”	总毛重或总数量	发票日期 发票号码

11．Certification It is hereby certified, on the basis of control carried out, that the declaration by the exporter is correct. 由签证机关手签、加盖公章。签署地点和日期通常由出口商事先填写 -- Place and date, signature and stamp of certifying authority	12．Declaration by the exporter The undersigned hereby declares that the above details and statements are correct, that all the goods were produced in 商品原产国 （country） and that they comply with the Origin requirements specified for those goods in the Generalized System of Preference for goods exported to 进口国 （importing country） 出口商签署地点及日期 -- Place and date, signature of authorized signatory

任务实施

缮制原产地证书

步骤一：请认真阅读下述提供资料，制作原产地证书，要求格式清楚、内容完整。

1．DC NO.: 291-13-6777123 DATED: 20130914

2．BENEFICIARY: SHANGHAI INTERNATIONAL TRADE CO., LTD

15/D,YU AN MANSION 738 DONGFANG ROAD, SHANGHAI, CHINA

3. APPLICANT: COMPANG INDUSTRIAL DE CIMENTO APODI, AV.
VIGILIOTRVORA,1701,SL 106, FORTALEZA, CE, BRAZIL

4. SHIPMENT: PARTIAL SHIPMENTS ARE ALLOWED, TRANSSHIPMENT IS ALLOWED.
SHIPMENT FROM SHANGHAI TO PECEM PORT, BRAZIL. LATEST 20131010
OCEAN VESSEL VOYAGE: CHANGXING 188 V.098
ON BOARD DATE: 20131006

5. COVERING: PLASTIC TABLEWARE

ART NO.	QUANTITY	UNIT PRICE
PT23	1 800PCS	USD5.00/PC
PT27	5 200PCS	USD3.50/PC

6. SHIPPING MARKS: N/M

7. PACKAGE: 100PCS PACKED IN ONE CARTON
G.W: @25KGS N.W: @20KGS MEAS: @0.80CBM

8. CONTRACT NO.: ST130801 DATE: 20130801
INVOICE NO.: SIT13005 DATE: 20131005 B/L NO.: JS-CGS134

9. POLICY NO.: NB20130930 DATE: 20130930

10. 一般原产地证号码：33090SIT005
普惠制产地证号码：JH-SIT
货物来源地：完全自产 海关编码：39241000

步骤二：根据上述资料，请认真下列原产地证书。

一、一般原产地证书

ORIGINAL

1. Exporter（full name and address）		CERTIFICATE No. **CERTIFICATE OF ORIGIN** OF THE PEOPLE'S REPUBLIC OF CHINA		
2. Consignee（full name and address）				
3. Means of transport and route		5. For certifying authority use only		
4. Destination port				
6. Marks and numbers of packages	7. Description of goods; Number and kind of packages	8. HS CODE	9. Quantity or weight	10. Number and date of invoices
11. Declaration by the exporter The undersigned hereby declares that the above details and statements are correct; that all the goods were produced in China and that they comply with the Rules of Origin of the People's Republic of China. --- Place and date,signature and stamp of authorized signatory		12. Certification It is hereby certified that the declaration by the exporter is correct. --- Place and date, signature and stamp of certifying authority		

二、普惠制原产地证

ORIGINAL

1. Goods consigned from (Exporter's business name, address, country)

Reference No.:

GENERALIZED SYSTEM OF PREFERENCES

CERTIFICATE OF ORIGIN

(Combined declaration and certificate)

FORM A

Issued in **THE PEOPLE'S REPUBLIC OF CHINA**

(country)

2. Goods consigned to (Consignee's name, address, country)

3. Means of transport and route (as far as known)

4. For official use

5. Item number	6. Marks and numbers	7. Number and kind of packages; description of goods	8. Origin criterion	9. Gross weight or other quantity	10. Number and date of invoices

11. Certification

It is hereby certified, on the basis of control carried out, that the declaration by the exporter is correct

---

Place and date. signature and stamp of certifying authority

12. Declaration by the exporter

The undersigned hereby declares that the above details and statements are correct, that all the goods were produced in

(country)

and that they comply with the Origin requirements specified for those goods in the Generalized System of Preference for goods exported to

(importing country)

Place and date, signature of authorized signatory

任务评价

序号	评价标准	满分	得分
1	能够阅读信用证原中关于原产地证书的要求	20	
2	能够掌握常用原产地证书中各栏填写要点	20	
3	根据资料填制原产地证书	60	
总分		100	

理论习题

一、单选题（以下各小题所给出的4个选项中，只有1项最符合题目要求，请将正确选项的代码填入括号内）

1. ISBP for UCP600中关于原产地证书的出具人，如果信用证要求原产地证书由厂商出具，以下表述正确的是（　　）。

A. 厂商会出具的原产地证书是可以接受的，只要该单据根据不同的情形相应地注明厂商

B. 任何人包括受益人出具的原产地证明都可以接受

C. 原产地证书必须由官方签发

D. 原产地证书不能显示厂商以外的人为出具人

2. 普惠制原产地证书中的原产地标准，按货物原料进口成分的实际情况分别填制。按规定用一个英文大写字母表示，（　　）表示完全不含进口成分，并冠以引号。

A. "G"　　B. "F"　　C. "W"　　D. "P"

3. GSP产地证表示（　　）。

A. 普惠制原产地证书　　B. 输土耳其纺织品产地证

C. 区域优惠原产地证书　　D. 一般原产地证书

4. 原产国的基本含义是出口产品的（　　）。

A. 出口国　　B. 消费国　　C. 起运国　　D. 制造国

5. 目前出口到（　　）或从这些国家进口的货物，如果进口商向进口国海关出示亚太贸易协定产地证（FORM B），情形适用可享受关税减免。

A. 缅甸、斯里兰卡、日本　　B. 越南、老挝

C. 韩国　　D. 孟加拉国、印度

6. 在出口业务中，有的国外客户会要求我国出口商提供GSP FORM A产地证书，在我国这种证书的签发机构是（　　）。

A. 贸促会　　B. 行业公会

C. 出入境检验检疫局　　D. 商会

7. 输土耳其纺织品产地证的出具机构是（　　）。

A. 行业公会　　B. 贸促会　　C. 各地商务厅　　D. 出入境检验检疫局

8. 目前出口到(　　)或从这些国家进口的货物，如果进口商向进口国海关出示FORM E，情形适用即可享受关税减免。

A. 日本、韩国　　B. 越南、斯里兰卡

C. 印度、孟加拉国　　D. 缅甸、老挝

9. 目前世界上普惠制给惠国有（　　）个。

A. 38　　B. 41　　C. 39　　D. 40

10. 填写我国一般原产地证明书的收货方时，以下正确的有（　　）。

A. 填写最终收货人的详细名称、地址及国家（地区）名

B. 如果信用证要求所有单证收货人一栏留空，则空留不填

C. 若需填写中间商名称时，只填写中间商的详细名称、地址及国家（地区）名

D. 以上答案均正确

11. 含有进口成分，中国-新加坡自由贸易区区域价值成分不小于 40%的商品，中国-新加坡自由贸易区优惠原产地证第 8 栏的原产地标准栏填写（　　）。

A. “PSR”　　B. “F”　　C. “RVC”　　D. “P”

12. 在普惠制原产地证书中，出口加拿大的产品，符合普惠制原产地标准，但含进口成分，进口成分是来自两个或两个以上加拿大受惠国的原料，产品原产地标准栏应填写（　　）。

A. “W”　　B. “P”　　C. “G”　　D. “F”

13. 中国-东盟自由贸易区优惠原产地证中的 Origin criterion（原产地标准）一栏，应根据货物原料进口成分的比例填制，“WO”表示（　　）。

A. 进口成分在 40%以下　　B. 完全国产

C. 含进口成分　　D. 进口成分在 20%以下

14. 在情形适用时，中国-智利自由贸易区优惠原产地证明书的“原产地标准”一栏填写错误的是（　　）。

A. “RVC”　　B. “WO”　　C. “P”　　D. “PSR”

15. 新西兰是普惠制关税制度下中国的一个给惠国，但中国许多商品在该国已经产品毕业，中国-新西兰自由贸易区优惠原产地证，简称是（　　）产地证，将为已经毕业的中国产品重新获得优惠关税进入新西兰市场。

A. FORM B　　B. FORM E　　C. FORM N　　D. FORM F

16. 关于中国-智利自由贸易区优惠原产地证明书的“收货人名称、地址、国别”一栏的填写，以下说法不正确的是（　　）。

A. 在特殊情况下，此栏也可填上 TO ORDER 或 TO WHOM IT MAY CONCERN

B. 一般应填写进口成员国最终收货人名称（如信用证的开证申请人或特别声明的收货人）

C. 此栏不能填中国香港、中国台湾等其他中间商的名称

D. 此栏是带有强制性的，应填明进口商详细地址，包括街道名、门牌号码等

17. 中国出口商品到（　　），不可使用中国-东盟自由贸易区优惠原产地证（FORM E）。

A. 巴基斯坦　　B. 马来西亚　　C. 越南　　D. 文莱

18.（　　）是我国与中美洲国家签署的第一个一揽子自由贸易区协定。

A. 中国-巴基斯坦自由贸易区　　B. 中国-智利自由贸易区

C. 中国-哥斯达黎加自由贸易区　　D. 中国-秘鲁自由贸易区

19. 既是普惠制关税制度下中国的给惠国，又是我国自由贸易区协定国的国家是（　　）。

A. 新加坡　　B. 智利　　C. 秘鲁　　D. 新西兰

20. 中国出口到秘鲁的商品，出口货物完全原产于中国，中国-秘鲁自由贸易区优惠原产地证原产地标准栏填写（　　）。

A. “WO”　　B. “PSR”　　C. “P”　　D. “RVC”

21.（　　）是我国与拉美国家达成的第一个一揽子的自由贸易协定。

A. 中国-智利自由贸易区　　B. 中国-巴基斯坦自由贸易区

C. 中国-秘鲁自由贸易区　　D. 中国-新西兰自由贸易区

22. 信用证中有关原产地证的单据条款是“Certificate of origin certified by the Council for the Promotion of International Trade”，那么此原产地证书的签发人为（　）。

A. 贸促会　　B. 出入境检验检疫局

C. 各地商务厅　　D. 以上都可以

23. 目前全世界共有（　　）个国家给予我国普惠制待遇。

A. 38　　B. 40　　C. 37　　D. 39

24. 中国出口到巴基斯坦符合《中国-巴基斯坦自由贸易区协定》产品特定原产地标准的商品，中国–巴基斯坦自由贸易区优惠原产地证原产地标准栏填写（　）。

A. “P”　　B. 填写进口成分占 FOB 价的百分比

C. “PSR”　　D. 空白不填

二、多选题（以下各小题给出的 4 个选项中，有 2 个或 2 个以上的选项符合题目要求，请将符合题目要求的选项代码填入括号内）

1. 以下原产地证书由出入境检验检疫局签发的有（　　）。

A. 普惠制产地证　　B. FORM X 产地证

C. 输土耳其纺织品原产地证书　　D. FORM E 产地证

2. 原产地证书上的目的地国家填制正确的有（　　）。

A. 与最终收货人国别一致　　B. 与中间商国别一致

C. 与最终目的港（地）国别一致　　D. 可以填中间商国别名称

3. 原产地证书上的唛头填制，以下说法正确的有（　　）。

A. 无唛头时可以留空不填

B. 应照实填写该批货物包装箱上完整的运输标志

C. 无唛头时，应填“N/M”字样

D. 可以填写“AS PER INVOICE（见发票）”字样

4. 关于原产地证填制，以下说法正确的是（　　）。

A. 原产地证书的签发时间不早于原产地证书的申请日期

B. 原产地证书的申请日期不早于发票的签发时间

C. 原产地证书的签发时间晚于货物装船时间的原产地证书为后发证书，须有签证机构在签证机构一栏注明

D. 原产地证书的签发时间不早于货物装船时间

5. 办理中国-东盟自由贸易区优惠原产地证书时，申请人应提交的单据有（　　）。

A. 必要的其他单据

B. 按规定填制的 FORM B 原产地证书

C. 提交《中国-东盟自由贸易区优惠原产地证明书申请书》

D. 出口商品的商业发票

6. 一般原产地证书中，货物从海口港经香港转船运往汉堡港，以下运输方式和路线填写正确的是（　　）。

A. From Haikou to Hamburg by vessel

B. From Haikou to Hamburg by sea via Hong kong

C. From Haikou to Hamburg by vessel with transshipment at Hongkong

D. From Haikou to Hamburg by vessel via Hong kong

7. 在我国，如果信用证中没有特别规定，原产地证书可以由（　　）出具。

A. 生产企业　　B. 出口企业

C. 出入境检验检疫局　　D. 贸促会

8. 下列国家中，给予我国普惠制待遇的有（　　）。

A. 俄罗斯　　B. 阿根廷　　C. 卢森堡　　D. 白俄罗斯

9. 我国出口商根据情形适用可以向（　　）或其下属机构申领原产地证书。

A. 中华人民共和国海关

B. 中国国际贸易促进委员会

C. 中华人民共和国国家质量监督检验检疫总局

D. 中华人民共和国商务部

10. 根据我国有关规定，出口企业最迟于货物出运前三天向签证机构申请办理原产地证书，并按签证机构提供的格式和填制要求，应提供已缮制的（　　）文件。

A. 出口商业发票　　B. 装箱单

C. 一般原产地证明书申请单　　D. 中华人民共和国原产地证明书

11. 我国出口纺织品须申请纺织品产地证方可出口，在填写 FORM E 证书第 8 栏“原产地标准”时，以下填写方法符合规范的是（　　）。

A. 对于完全原产的产品，应填写“WO”

B. 对于符合产品特定原产地标准的产品，填写“PSR”

C. 对于在我国加工但部分非原产材料来自东盟国家的产品，填写中国-东盟自贸区累计成分百分比

D. 对于在我国加工但非原产材料均来自东盟以外国家的产品，填写单一国家成分百分比

12. 信用证方式支付，以下可视为原产地证书中的不符点的是（　　）。

A. 原产地证书的收货人填写信用证未指明的第三方（中间商）的名称及国别或地区

B. 原产地证书签发机构与信用证规定不符

C. 原产地证书的签发时间晚于商业发票的时间

D. 原产地证书的唛头简单填写成“as per invoice No. ××”

13. 填写一般原产地证明书，以下说法正确的有（　　）。

A. 一般原产地证明书中应注明发票的号码及日期，且该日期不晚于出口商申报原产地证书的日期

B. 一般原产地证明书中的商品描述可用统称

C. 一般原产地证书中的商品编码应与报关单一致

D. 一般原产地证书中的数量应填写出口货物包装内的总数量及其计量单位

14. 普惠制原产地证中的“Gross weight or other quantity”一栏填写时应注意（　　）。

A. 只需填写出口货物外包装总数量及其计量单位

B. 以重量计算商品数量的，填写毛重。只有净重时，填写净重并标明“N.W.”

C. 该栏计量单位的填写应以计价单位为准

D. 遇到多项产品时，数量应分项列明

15. ISBP for UCP600 中关于原产地证书的内容，表述正确的是（　　）。

A. 如果信用证要求运输单据抬头作成“凭指示”，则原产地证书收货人的信息必须留空不填

B. 原产地证书必须看似与发票所指货物相关联

C. 原产地证书不能显示受益人以外的人为发货人

D. 收货人信息如果显示，则不得与运输单据中的收货人信息相矛盾

16. 一般原产地证书中“Consignee”一栏填写正确的是（　　）。

A. 若需填写中间商时，可在收货人后面加填英文 VIA，然后再填写中间商名称、地址、国家

B. 填写最终收货人名称、地址和国家（地区）名

C. 信用证规定所有单证收货人一栏留空时，此栏可留空不填

D. 信用证规定所有单证收货人一栏留空时，此栏填写“To whom it may concern”，不得留空

三、判断题（判断以下各小题的对错，正确的打“√”，错误的打“×”）

1. 在国际贸易中，原产地证书是进口国政府实行进口管理和对不同国家商品征收差别关税时需要审查的一种极为重要的证明文件。（　　）

2. 一般原产地证书是具有法律效力的我国出口商品在给惠国享受在最惠国税率基础上进一步减免进口关税的官方凭证。（　　）

3. 中国-新西兰自由贸易区协定是我国与发达国家达成的第一个自由贸易区协定。（　　）

4. 中国商品出口到韩国、斯里兰卡、印度、孟加拉国、老挝 5 个国家，情形适用于签发《亚太贸易协定》原产地证书。（　　）

5. 一般产地证的全称是“中华人民共和国原产地证明书”英文为“Certificate of Origin of the People’s Republic of China”。（　　）

6. 美国是发达国家，所以我国出口到美国的产品可以由出入境检验检疫局出具普惠制产地证。（　　）

7. 海关规定的实质性加工是指产品加工后，在海关进出口税则中的税号（四位数一级的税则号）已有改变。（　　）

8. 填报普惠制产地证的收货人栏目时，可以把合同的中间商名称填入此栏即可。（　　）

9. 输土耳其纺织品专用产地证明可以向中国国际贸易促进委员会申请。（　　）

10. 我国某贸易商把进口布料剪裁缝制为服装再出口至日本，因为布料是进口的所以不能申请办理普惠制产地证 FORM A。（　　）

11. 货物经过加工后，增值部分占新产品总值的比例已经达到 20%及 20%以上的产品，海关认定是经过了实质性加工。（　　）

12. 2009 年 8 月 1 日起亚太贸易协定原产地证书可以向中国国际贸易促进委员会申请。

（　　）

13. 《亚太贸易协定》前身为《曼谷协定》，现有成员国包括中国、越南、韩国、印度、老挝和斯里兰卡 6 个国家。（　　）

14. 货物为散装货，没有唛头，则一般原产地证书中的运输标志栏可留空不填。（　　）

15. 产地证的唛头可以简单写成“as per invoice No. ×××”。（　　）

16. 货物无唛头，填制原产地证书时，唛头一栏填 N/M。（　　）

17. 中国-智利自由贸易区优惠原产地证书仅在出口前或出口后 30 天内签发。（　　）

18. 中国-新西兰自由贸易区优惠原产地证书不办理后发，不倒签，应在货物出口前或当天申请办理。（　　）

19. 已签发的中国-巴基斯坦自由贸易区优惠原产地证明书正本被盗、遗失或损毁，申请单位可在产品出运后 1 年的期限内向原签证机构申请重发，先在《中国国门时报》登报声明作废，同时提供证书第 2 副本、申请单位和丢证方书面说明及原证的复印件，经检验检疫机构审核通过，予以重发。（　　）

20. 不使用海关发票或领事发票的国家，通常要求出口商提供原产地证书，以确定对货物征税的税率。（　　）

21. 对发达国家的出口贸易中，原产地在中国的商品都能签发 GSP FORM A。（　　）

22. 普遍优惠制是发达国家承诺对发展中国家出口工业制成品和半制成品（包括某些初级产品）时给予的一种普遍的、非歧视的、非互惠的关税优惠待遇。（　　）

23. 中华人民共和国普惠制原产地证明书中“Reference No.”栏处填写证书编号，其证书编号应与申请书上的一致。（　　）

24. 一般原产地证要求中国国际商会签发的可向贸促会申请，贸促会在出证时须在一般原产地证的第 5 栏加盖“CHINA COUNCIL FOR THE PROMOTION OF INTERNATIONAL TRADE IS CHINA CHAMBER OF INTERNATIONAL COMMERCE”（中国贸促会即中国商会）的说明章。（　　）

25. 货物为我国生产但含进口成分的产品，不能申请优惠原产地证书。（　　）

26. 中国境内任何企业法人都可向中国出入境检验检疫局申领原产地证书。（　　）

27. 企业原产地证申领员必须由申请单位法人代表授权，提交《原产地证申领员授权书》，经签证机构培训、考核合格发证后，办理注册登记手续，方可按登记的原产地证书种类申领原产地证书。（　　）

28. 原产地证书出口商声明栏，必须是出口商法人代表签名并加盖有中英文的公司印章。（　　）

29. 普惠制原产地证明书 FORM A 的收货人应填写最终收货人的名称。如果信用证未明确最终收货人，可以填写商业发票的抬头人，也可填写中间商的名称。（　　）

30. 我国某贸易商把进口玩具转出口至加拿大，因为玩具从中国出口，所以能向我国出入境检验检疫局申请办理普惠制产地证 FORM A。（　　）

7

项目七

其他结汇单据

任务一　缮制受益人证明

学习目标

【知识目标】

1. 了解受益人证明的含义。
2. 了解受益人证明的基本要求。
3. 掌握受益人证明的内容和缮制填写的要点。

【技能目标】

1. 能够看懂信用证中的受益人证明的条款。
2. 能够独立填写受益人证明。

知识链接

认识受益人证明

一、受益人证明的含义

受益人证明（Beneficiary's Certificate）是一种由受益人自己出具的证明，以便证明自己履行了信用证规定的义务或证明自己按信用证的要求办事，如证明所交货物的品质、证明运输包装的处理、证明按要求寄单等。一般无固定格式，内容多种多样，以英文制作，通常签发一份。

二、受益人证明的基本要求

（1）单据名称。这种单据的名称因所证明事项不同而略异，可能是寄单证明、寄样证明（船样、样卡和码样等）、取样证明、证明货物产地、品质、唛头、包装和标签情况、电抄形式的装运通知、证明产品生产过程、证明商品已检验、环保人权方面的证明（非童工、非狱工制造）等。

（2）证明上通常会显示发票号、合同号或信用证号以表明与其他单据的关系。

（3）证明的内容应严格与合同或信用证规定相符。

（4）因属于证明性质，按有关规定证明人（受益人）必须签字。

（5）单据一般都应在规定的时间内做出。

三、信用证中的受益人证明条款示例

（1）BENEFICIARY'S CERTIFICATE CERTIFYING THAT BENEFICIARY HAS FAXED THE SHIPPING DOCS(B/L, INVOICE, PACKING LIST, PHYTOSANITARY CERTIFICATE)

WITHIN 2 WORKING DAYS AFTER SHIPMENT DATE TO APPLICANT AND THE RELATED CERTIFIED TRUE COPY OF FAX.

受益人应做到发货后两个工作日内传真发送有关单据给申请人，传真报告应证实并向银行提交。

（2）TWO SETS OF SHIPPING SAMPLES AND ONE SET OF NON-NEGOTIABLE SHIPPING DOCUMENTS MUST BE SENT TO APPLICANT BY SPEED POST/COURIER SERVICE WITHIN 5 DAYS FROM THE DATE OF BILL OF LADING AND A CERTIFICATE TO THIS EFFECT FROM BENEFICIARY TOGETHER WITH RELATIVE SPEED POST/ COURIER RECEIPT MUST ACCOMPANY THE DOCUMENTS.

两套船样和一套不可议付的装运单据须在提单日后 5 日内通过邮局快递寄给开证人，受益人证明应表明已照此行事，相应的邮政快递收据必须随议付单据提交，应注意要提交两样单据——受益人证明和邮政快递收据。

知识强化

明确受益人证明的填制内容

HUBEI TWIN HORSE TRADE CO., LTD 1 XUDONG ROAD, WUCHANG, 430077, WUHUAN, CHINA 受益人公司名称及地址
CERTIFICATE 受益人证明的名称
INVOICE NO. 发票号码
L/C NO.: 信用证号
DATE: 通知的缮制日期
TO WHOM IT MAY CONCERN: 证明的具体内容，严格按照信用证要求的内容制作，通常用“WE HERE CERTIFY THAT”或者“WE HEREBY STATE THAT…”作为证明的开始语句
HUBEI TWIN HORSE TRADE CO., LTD 受益人签章

任务实施

缮制受益人证明书

步骤一：请认真阅读下述提供资料，制作受益人证明书，要求格式清楚、内容完整。

1．DC NO.: 291-13-6777123　　DATED: 20130914

2．BENEFICIARY: SHANGHAI INTERNATIONAL TRADE CO., LTD

15/D YU AN MANSION, 738 DONGFANG ROAD, SHANGHAI, CHINA

3. APPLICANT: COMPANG INDUSTRIAL DE CIMENTO APODI, AV.
VIGILIOTRVORA, 1701, SL 106, FORTALEZA, CE, BRAZIL

4. SHIPMENT: PARTIAL SHIPMENTS ARE ALLOWED, TRANSSHIPMENT IS ALLOWED.
SHIPMENT FROM SHANGHAI TO PECEM PORT, BRAZIL. LATEST 20131010
OCEAN VESSEL VOYAGE: CHANGXING 188 V.098
ON BOARD DATE: 20131006

5. COVERING: PLASTIC TABLEWARE

ART NO.	QUANTITY	UNIT PRICE
PT23	1 800PCS	USD5.00/PC
PT27	5 200PCS	USD3.50/PC

6. SHIPPING MARKS: N/M

7. PACKAGE: 100PCS PACKED IN ONE CARTON
G.W: @25KGS N.W: @20KGS MEAS: @0.80CBM

8. CONTRACT NO.: ST130801 DATE: 20130801
INVOICE NO.: SIT13005 DATE: 20131005 B/L NO.: JS-CGS134

9. 受益人证明日期：2013 年 10 月 8 日

10. DOCUMENTS REQUIRED
BENEFICIARY'S CERTIFICATE STATING THAT ONE SET OF NON-NEGOTIABLE SHIPING DOCUMENTS INCLUDING SURRENDERED B/L HAVE BEEN SENT TO APPLICANT IMMEDIATELY AFTER SHIPMENT.

步骤二：根据上述资料，请认真填写下列受益人证明书。

CERTIFICATE

INVOICE NO.
DATE:

TO WHOM IT MAY CONCERN:

任务评价

序　号	评价标准	满　分	得　分
1	能够阅读信用证中关于受益人证明的要求	20	
2	能够掌握受益人证明中各栏填写要点	20	
3	根据资料正确填制受益人证明	60	
总　分		100	

任务二 缮制装船通知

学习目标

【知识目标】

1. 了解装船通知的含义。
2. 掌握装船通知的内容和缮制填写的要点。

【技能目标】

1. 能够看懂信用证中的装船通知条款。
2. 能够独立填写装船通知。

知识链接

认识装船通知

一、装船通知的含义

装船通知（Shipping Advice）也叫装运通知，是指出口商在货物装船后发给进口方的包括货物详细装运情况的通知，其目的在于让进口商做好筹措资金、付款和接货的准备。

二、信用证中的装船通知条款示例

（1）ORIGINAL FAX FROM BENEFICIARY TO OUR APPLICANT EVIDENCING B/L NO., NAME OF SHIP, SHIPMENT DATE, QUANTITY AND VALUE OF GOODS.

受益人应向申请人提交正本通知一份，通知上列明提单号、船名、装运日期、货物的数量和金额。

（2）INSURANCE EFFECTED IN IRAN BY IRAN INSURANCE CO., THE NAME OF INSURANCE CO. AND THE POLICY NO. ××× DD.— HAVE TO BE MENTIONED ON B/L, SHIPMENT ADVICE TO BE MADE TO SAY INSURANCE CO. VIA TLX NO. ××× INDICATING POLICY NO. AND DETAILS OF SHIPMENT, A COPY OF WHICH IS TO BE ACCOMPANIED BY THE ORIGINAL DOCS.

货物的保险由伊朗保险公司办理，提单上应明确保险公司的名称、保单号码和出单日期，所出的装运通知则应标明保险公司名称、电传号码、保单号码和货物的详细情况，电抄副本随正本单据向银行提交。

（3）SHIPMENT ADVICE WITH FULL DETAILS INCLUDING SHIPPING MARKS, CTN NUMBERS, VESSEL'S NAME, B/L NUMBER, VALUE AND QUANTITY OF GOODS MUST BE SENT ON THE DATE OF SHIPMENT TO US.

该项规定要求装运通知应列明包括运输标志、箱号、船名、提单号、货物金额和数量在内的详细情况，并在货物发运当天寄开证行。

(4) BENEFICIARY MUST FAX ADVISE TO THE APPLICANT FOR THE PARTICULARS BEFORE SHIPMENT EFFECTED AND A COPY OF THE ADVICE SHOULD BE PRESENTED FOR NEGOTIATION.

受益人发出的装运通知的方式是传真，发出时间是在货物装运前，传真副本作为议付单据提交。

(5) INSURANCE COVERED BY OPENERS. ALL SHIPMENTS UNDER THIS CREDIT MUST BE ADVISED BY YOU IMMEDIATELY AFTER SHIPMENT DIRECT TO M/S ABC INSURANCE CO. AND TO THE OPENERS REFERRING TO COVER NOTE NO. CA364 GIVING FULL DETAILS OF SHIPMENT. A COPY OF THIS ADVICE TO ACCOMPANY EACH SET OF DOCUMENTS.

要求保险由申请人负责，货物装运后由受益人直接发通知给 ABC 保险公司和申请人，通知上应注明号码为 CA364 的暂保单，并说明货物的详细情况。每次交单都应随附该通知副本。

(6) BENEFICIARY'S CERTIFIED COPY OF FAX SENT TO APPLICANT WITHIN 48 HOURS AFTER SHIPMENT INDICATING CONTRACT NO., L/C NO., GOODS NAME, QUANTITY, INVOICE VALUE, VESSEL'S NAME, PACKAGE/CONTAINER NO., LOADING PORT, SHIPPING DATE AND ETA.

受益人出具的装运通知必须签署，通知应在发货后 48 小时内发出，具体通知内容为合同号、信用证号、品名、数量、发票金额、船名、箱/集装箱号、装货港、装运日期和船舶预抵港时间。

(7) SHIPMENT ADVICE QUOTING THE NAME OF THE CARRYING VESSEL, DATE OF SHIPMENT, NUMBER OF PACKAGES, SHIPPING MARKS, AMOUNT, LETTER OF CREDIT NUMBER, POLICY NUMBER MUST BE SENT TO APPLICANT BY FAX, COPIES OF TRANSMITTED SHIPMENT ADVICE ACCOMPANIED BY FAX TRANSMISSION REPORT MUST ACCOMPANY THE DOCUMENTS.

表明船名、装船日期、包装号、唛头、金额、信用证号、保险单号的装船通知必须由受益人传真给开证人，装船通知和传真副本以及发送传真的电讯报告必须随附议付单据提交。

(8) BENEFICIARY'S CERTIFICATE CERTIFYING THAT THEY HAVE DESPATCHED THE SHIPMENT ADVICE TO APPLICANT BY FAX (FAX NO. 2838-0983) WITHIN 1 DAY AFTER B/L DATE. ADVISING SHIPMENT DETAILS INCLUDING CONTRACT NO., INVOICE VALUE, NAME OF THE VESSEL, LOADPORT, QUANTITY GOODS LOADED, B/L DATE, THE VESSEL MOVEMENT INCLUDING TIME OF ARRIVAL, TIME OF BERTHED, TIME OF START LOADING, TIME OF FINISH LOADING AND DEPARTURE TIME FROM DALIAN AND THIS CREDIT NO..

装船通知的要求是，装运货物后一天内受益人通过传真加以通知，内容包括合同号、发票金额、船名、装港、货物数量、提单日，以及抵达时间、靠泊时间、开始装货时间、装货完毕时间和驶离大连港的时间等船舶的航行轨迹和本信用证号码。

知识强化

明确装船通知的填制内容

SHIPPING ADVICE

TO：

合同中进口方公司名称与地址

或信用证中开证申请人名称及地址

INVOICE No.：发票号码

L/C No.：信用证号码

S/C No.：合同号码

DEAR SIRS:

WE HEREBY INFORM YOU THAT THE GOODS UNDER THE ABOVE MENTIONED CREDIT HAVE BEEN SHIPPED. THE DETAILS OF THE SHIPMENT ARE STATED BELOW.

COMMODITY: 货物的名称

NUMBER OF PKGS: 除集装箱外包装的总数量

TOTAL G.W.: 货物的总毛重

OCEAN VESSEL: 船名航次

DATE OF DEPARTURE: 提单日期

B/L NO.: 提单号码

PORT OF LOADING: 装运港

DESTINATION: 目的港

SHIPPING MARKS: 唛头

任务实施

缮制受益人证明书

步骤一：请认真阅读下述提供资料，制作装船通知，要求格式清楚、内容完整。

1．DC NO.: 291-13-6777123　　DATED：20130914

2．BENEFICIARY: SHANGHAI INTERNATIONAL TRADE CO., LTD

15/D YU AN MANSION, 738 DONGFANG ROAD, SHANGHAI, CHINA

3．APPLICANT: COMPANG INDUSTRIAL DE CIMENTO APODI, AV.

VIGILIOTRVORA, 1701, SL 106, FORTALEZA, CE, BRAZIL

4. SHIPMENT: PARTIAL SHIPMENTS ARE ALLOWED, TRANSSHIPMENT IS ALLOWED.
   SHIPMENT FROM SHANGHAI TO PECEM PORT, BRAZIL. LATEST 20131010
   OCEAN VESSEL VOYAGE: CHANGXING 188 V.098
   ON BOARD DATE: 20131006

5. COVERING: PLASTIC TABLEWARE

ART NO	QUANTITY	UNIT PRICE
PT23	1 800PCS	USD5.00/PC
PT27	5 200PCS	USD3.50/PC

6. SHIPPING MARKS: N/M

7. PACKAGE: 100PCS PACKED IN ONE CARTON
   G.W.: @25KGS　N.W.: @20KGS　MEAS.: @0.80CBM

8. CONTRACT NO.: ST130801　DATE: 20130801
   INVOICE NO.: SIT13005　DATE: 20131005　B/L NO.: JS-CGS134

9. DOCUMENTS REQUIRED: +BENEFICIARY'S CERTIFIED COPY OF FAX SENT TO APPLICANT WITHIN 48 HOURS AFTER SHIPMENT INDICATING CONTRACT NO., L/C NO., COMMODITY, NUMBER OF PKGS, TOTAL G.W., OCEAN VESSEL, DATE OF DEPARTURE, B/LNO., PORT OF LOADING AND DESTINATION.

步骤二：根据上述资料，请认真填写下列装船通知。

SHIPPING ADVICE

TO:

INVOICE No.: ____________________
L/C No.: ____________________
S/C No.: ____________________

DEAR SIRS:

WE HEREBY INFORM YOU THAT THE GOODS UNDER THE ABOVE MENTIONED CREDIT HAVE BEEN SHIPPED. THE DETAILS OF THE SHIPMENT ARE STATED BELOW.

COMMODITY: ____________________
NUMBER OF PKGS: ____________________
TOTAL G.W.: ____________________
OCEAN VESSEL: ____________________
DATE OF DEPARTURE: ____________________
B/L NO.: ____________________
PORT OF LOADING: ____________________
DESTINATION: ____________________

任务评价

序 号	评 价 标 准	满 分	得 分
1	能够阅读信用证中关于装船通知的要求	20	
2	能够掌握装船通知中各栏填写要点	20	
3	根据资料正确填制装船通知	60	
总 分		100	

理 论 习 题

一、单选题（以下各小题所给出的4个选项中，只有1项最符合题目要求，请将正确选项的代码填入括号内）

1. 采用（　　）贸易术语时，合同的卖方尤其需要及时向买方发出装运通知。

A. DDP　　B. CFR　　C. DAP　　D. DAT

2. 下列不属于结汇单证的附属单据有（　　）。

A. 装运通知　　B. 出口商证明

C. 托运单　　D. 航程证明

3. "THE VESSEL WILL NOT CALL AT ANY ISRAELI PORTS DURING THIS PRESENT VOYAGE, A CERTIFICATE FROM SHIPPING COMPANY OR ITS AGENT SHOULD BE PRESENTED." 以上信用证规定提交的是船公司证明中的（　　）。

A. 航程证明　　B. 船名证明

C. 船籍证明　　D. 船龄证明

4. 装运通知的抬头人应按信用证的规定填制，以下可以作为装运通知抬头人的是（　　）。

A. 付款行　　C. 通知行

B. 保险公司　　D. 偿付行

5. CIF项下的装运通知，一般不包含（　　）。

A. OPEN POLICY NO.　　B. ETA

C. VESSEL NAME　　D. PORT OF DISCHARGE

二、多选题（以下各小题给出的4个选项中，有2个或2个以上的选项符合题要求，请将符合题目要求的选项代码填入括号内）

1. 信用证项下，制作受益人证明等附属单据时，必须注意（　　）。

A. 单据名称和出具人签署符合信用证要求

B. 单据内容应符合信用证要求，并与其他单据相关内容不矛盾

C. 应该至少提供一份正本

D. 应注明出单日

2. 按照《2010国际贸易术语解释通则》，如卖方在（　　）的价格条件下，未及时向买方发出装运通知，货物在运输过程中所发生的损失，应由卖方负责。

A. CIF　　B. CPT

C. CIP　　D. FOB

3. 装运通知的内容一般包括（　　）。

A. 启运地和目的地　　B. 运输工具名称

C. 品名　　D. 数量与金额

4. 出口商证明等附属单据上可显示（　　），表示与其他单据的关联。

A. 提单号　　B. 原产地证书号

C. 发票号　　D. 合同号

5. 证明类单据的名称因证明事项不同而略有差别，以下属于受益人证明的有（　　）。

A. 包装和标签情况　　B. 寄样证明

C. 电抄形式的装运通知　　D. 寄单证明

三、判断题（判断以下各小题的对错，正确的打"√"，错误的打"×"）

1. 受益人证明的出单时间不能早于信用证规定的所属证明事件的发生时间，也不能晚于信用证规定的交单时间。（　　）

2. 装船通知一般可以不签署，但信用证要求的，则受益人应签署。（　　）

3. 出口商向进口商发出装运通知以便进口商做好筹措资金付款和办理进口报关、接货的准备。（　　）

附录

综合实训

附录 A　根据信用证缮制全套结汇单据

【技能目标】

能熟练分析信用证，掌握制单技巧，提高制单综合能力。

任务实施

步骤一：认真阅读信用证。

2011 年 4 月 1 日，海南艺术品进出口公司与以色列的 HU LTD.公司签订了一份出口销售合同。不久，海南艺术品进出口公司收到了中国银行海南分行国际业务部的信用证通知，告知以色列的 HU LTD.公司已经通过开证行开来信用证，内容如下：

SENDER: CFG BANK LEUMI LE ISRAEL B. M. (TEL AVIV MAIN BRANCH), TEL AVIV, IL

RECEIVER: BANK OF CHINA HAINAN BRANCH CN

INPUT DATE&TIME: 2014-04-09 08:03:00 MT 700 ISSUE OF A DOCUMENTARY CREDIT

27: Sequence of Total: 1/1

40A: Form of Documentary Credit: IRREVOCABLE

20: Documentary Credit Number: 333-01-0699806XH

31C: Date of Issue: 20140410

40E: Applicable Rules: UCP LATEST VERSION

31D: Date and Place of Expiry: 20140615 CHINA

50: Applicant: HU LTD.
　　543 ST. KIRYAT MALACHI ISRAEL

59: Beneficiary: HAINAN ART IMP AND EXP CO . LTD.
　　NO. 532 LANTIAN ROAD HAIKOU CHINA

32B: Currency Code, Amount: USD 62 000.00

41D: Available With … By: ANY BANK IN CHINA, BY NEGOTIATION

42C: DRAFTS AT SIGHT FOR 100 PCT INVOICE VALUE

42D: CFG BANK LEUMI LE ISRAEL B. M. (TEL AVIV MAIN BRANCH), TEL AVIV, IL

43P: Partial Shipments: ALLOWED

43T: Transshipment: ALLOWED

44E: Port of Loading/Airport of Departure: HAIKOU PORT, CHINA

44F: Port of Discharge/Airport of Destination: ASHDOD PORT

44C: Latest Date of Shipment: 20140531

45A: Description of Goods and/or Services

COCONUT ART

ART NO. 3323	2 000PCS
ART NO. 3324	3 000PCS

IN 250 CTNS USD 12. WPG CIF ASHDOD PORT, AS PER CONTRACT NO. LT07060 DATED APR 1,2011 GOODS OF CHINA ORIGIN

46A: Documents Required

+MARINE BILL OF LADING FULL SET (3/3) PLUS 3 NON-NEGOTIABLE COPIES CLEAN ON BOARD MADE OUT TO THE ORDER OF BANK LEUMI LE ISRAEL BM PRINCIPAL BR. TEL AVIV NOTIFY APPLICANT MARKED FREIGHT PREPAID SPECIFYING THAT IN VIEW OF THE DANGER OF CONFISCATION WARRANTED VESSEL NOT TO CALL AT PORTS AND NOT TO ENTER THE TERRITORIAL WATERS OF ANY ARAB COUNTRIES BELLIGERENT TO THE STATE OF ISRAEL AND/OR ACTIVELY SUPPORTING THE ARAB PRIOR TO UNLOADING AT PORT OF DESTINATION UNLESS IN DISTRESS OR SUBJECT TO FORCE MAJEURE.

+ORIGINAL INVOICE SIGNED BY BENEFICIARY IN 2 FOLD.

+PACKING LIST IN 2 FOLD.

+ORIGINAL CERTIFICATE OF ORIGIN ISSUED BY ENTRY-EXIT INSPECTION AND QUARANTINE BUREAU, THE PEOPLE,S REPUBLIC OF CHINA, STATING THAT GOODS ARE OF CHINESE ORIGIN.

+INSURANCE POLICY OR CERTIFICATE ENDORSED IN BLANK FOR 110 PCT OF CIF VALUE, COVERING ALL RISKS AND WAR RISK OF PICC INDICATING CLAIMS PAYABLE IN ASHDOD PORT.

+SHIPPING ADVICES MUST BE SENT TO APPLICANT IMMEDIATELY AFTER SHIPMENT, ADVISING THE INVOICE VALUE, NUMBER OF PACKAGES, VESSEL NAME, BILL OF LADING NO. AND DATE.

47A: Additional Conditions

+ALL DOCUMENTS TO MENTION OUR L/C NUMBER.

+GOODS ARE TO BE SHIPPED AS FULL 20 FEET CONTAINER FCL.

+ALL DOCS TO BE ISSUED IN ENGLISH.

+A CHARGE OF USD100 (OR ITS COUNTERVALUE) PLUS RELATED SWIFT COSTS WILL BE DEDUCTED FROM PAYMENT OF DISCREPANT DOCUMENTS.

71B: Charges：

ALL BANK CHARGES AND COMMISSIONS OUTSIDE ISRAEL ARE FOR BENEFICIARYS ACCOUNT.

48: Period for Presentation

WITHIN 15 DAYS FROM DATE OF TRANSPORT DOCUMENT(S).

49: Confirmation Instructions: WITHOUT

78: Instructions to the Paying/Accepting/Negotiating Bank:

AFTER RECEIPT OF DOCUMENTS BY US STRICTLY CONFORMING WITH CREDIT TERMS WE SHALL PAY AS INSTRUCTED. PLEASE ADVISE US BY TESTED TELEX/SWIFT AMOUNT INVOICED, NAME OF VESSEL, DATE AND NO. OF B/L ALTERNATIVELY, ADVISE CANCELLATION IF CREDIT UNUTILIZED.

FORWARD US DOCS BY SPECIAL COURIER TO OUR ADDRESS - 19 HERZL STR. TEL AVIV 61000 ISRAEL FOR THE ATTENTION OF INTERNATIONAL TRADE CTR.

72: Sender to Receiver Information: PLS ACKNOWLEDGE RECEIPT

补充材料：

1．POLICY NO.: HC45690 签发人：陈东。

保险公司在以色列的代理人：

MATI INSURANCE COMPANY LTD

125 ST. KIRYAT MALACHI ASHDOD ISRAEL

TEL: 00972-25958698

2．CONTAINER/SEAL NO.: TGHU1534190/CO654501; 1x20 CONTAINER

3．VESSEL: YEXIANG PRINCESS V9437;

B/L 的签发日期：20140525; B/L NO.: 21HR645

Hainan COSCO Container Shipping Agency Cq., Ltd 作为承运人中远的代理人签署了提单，签署人为：王小红

4．SHIPPING MARK: ST

ASHDOD NO. S1 - UP

5．INVOICE NO.: NH3789；发票签发日：2014 年 5 月 18 日；签发人：林强（也是受益人公司其他单据的签字人）；公司账号：J66417458600；TEL:0898-36681980

6．G. W.: 5 500kgs; N. W.: 5 000kgs; MEAS.: 30CM×40CM×50CM/CTN

7．PACKING: 20PCS/CTN

8．H.S. CODE: 96020090

9．货物是用中国原料全部工序在中国境内完成加工成品；产地证申请时间：2014 年 5 月 20 日；签证机构授权签发人：符小伟；CERTIFICATE OF ORIGIN NO.:C114618000780035。

步骤二：根据上述信用证，请认真填写商业发票、装箱单、产地证、提单、保险单、装船通知、汇票等相关内容。

1．商业发票

HAINAN ART IMP AND EXP CO. LTD.
NO. 532 LANTIAN ROAD HAIKOU, CHINA
COMMERCIAL INVOICE

TO: ____________________ INVOICE NO.: ____________________

____________________ INVOICE DATE: ____________________

____________________ S/C NO. ____________________

____________________ L/C NO.: ____________________

FROM: __________ TO __________

MARKS AND NUMBERS	NUMBER AND KIND OF PACKAGE; DESCRIPTION OF GOODS	QUANTITY	UNIT PRICE	AMOUNT

TOTAL:

2．装箱单

HAINAN ART IMP AND EXP CO. LTD.
NO. 532 LANTIAN ROAD HAIKOU, CHINA
PACKING LIST

TO: ______________________ DATE: ______________________
______________________ INVOICE NO. ______________________
______________________ S/C NO. ______________________
______________________ L/C NO. ______________________

FROM:__________TO__________ BY__________
SHIPPING MARKS:

C/NO.	NOS. AND KIND OF PKS	DESCRIPTION OF GOODS	QUANTITY	N. W.	G. W.	MEASUREMENT

TOTAL:

3．原产地证书

ORIGINAL

1. Exporter（full name and address）	CERTIFICATE No. **CERTIFICATE OF ORIGIN** OF THE PEOPLE'S REPUBLIC OF CHINA
2. Consignee （full name and address）	
3. Means of transport and route	5. For certifying authority use only
4. Destination port	

6. Marks and numbers of packages	7. Description of goods; number and kind of packages	8. H.S. CODE	9. Quantity or weight	10. Number and date of invoices

11. Declaration by the exporter The undersigned hereby declares that the above details and statements are correct; that all the goods were produced in China and that they comply with the Rules of Origin of the People's Republic of China. Place and date,signature and stamp of authorized signatory	12. Certification It is hereby certified that the declaration by the exporter is correct. Place and date,signature and stamp of certifying authority

4．海运提单

<table>
<tr><td colspan="2">Shipper</td><td rowspan="6">B/L No.
承运人
CARRIER
中远集装箱运输有限公司
COSCO CONTAINER LINES
Port-to-Port or Combined Transport
BILL OF LADING
ORIGINAL
RECEIVED in external apparent good order and condition except as otherwise noted. The total number of packages or units stuffed in the value mentioned in this Bill of Lading are to be considered unknown unless the contrary has expressly acknowledged and agreed to. The signing of this Bill of Loading is not to be considered as such an agreement. On presentation of this Bill of Lading duly endorsed to the Carrier by or on behalf of the Holder of Bill of Lading, the rights
(Terms of Bill of Lading continued on the back hereof)</td></tr>
<tr><td colspan="2">Consignee</td></tr>
<tr><td colspan="2">Notify party</td></tr>
<tr><td>Pre-carriage by</td><td>Place of Receipt</td></tr>
<tr><td>Ocean Vessel Voy. No.</td><td>Port of loading</td></tr>
<tr><td>Port of Discharge</td><td>Place of delivery</td></tr>
</table>

Marks & Nos. Container No.	No. of cont. of pkgs	Description of goods	Gross weight（kgs）	Measurement（cbm）

Total No. of containers or other pkgs or units（in words）	

Freight & charges	Revenue Tons	Rate Per	Prepaid	Collect

<table>
<tr><td rowspan="2">Ex. rate</td><td>Prepaid at</td><td>Payable at</td><td>Place and date of issue:</td></tr>
<tr><td>Total prepaid</td><td>No. of B（s）/L</td><td rowspan="2">Signed by
As agent for the carrier named above</td></tr>
<tr><td colspan="3">Laden on board the Vessel:
Date:
By:</td></tr>
</table>

5．保险单

PICC 中国人民财产保险股份有限公司
PICC Property and Casualty Company Limited
总公司设于北京　　一九四九年创立
Head Office: BEIJING　　Established in 1949

货物运输保险单 CARGO TRANSPORTATION INSURANCE POLICY

发票号码：　　保险单号：
INVOICE NO.　　POLICY NO.
被保险人：________________________

中国人民财产保险股份有限公司（以下简称本公司）要求，以被保险人向本公司缴付约定的保险费为对价，按照本保险单列明条款承保下述货物运输保险，特订立本保险单。

THIS POLICY OF INSURANCE WITNESSES THAT PICC PROPERTY AND CASUALTY COMPANY LIMITED (HEREINAFTER CALLED "THE COMPANY") AT THE REQUEST OF THE INSURED AND IN CONSIDERATION OF THE AGREED PREMIUM PAID TO THE COMPANY BY THE INSURED
UNDERTAKES TO INSURE THE UNDERMENTIONED GOODS IN TRANSPORATION SUBJECT TO THE CONDITIONS OF THIS POLICY
AS PER THE CLAUSES PRINTED BELOW.

标　记 MARKS & NOS. INSURED	包装及数量 QUANTITY	保险货物项目 GOODS	保险金额 AMOUNT INSURED

总保险金额：
TOTAL AMOUNT INSURED:________________

保费　　启运日期
PREMIUM: ________________　　DATE OF COMMENCEMENT: ________________

装载运输工具
PER CONVEYANCE:

自：　　至：
FROM:　　TO:

CONDITIONS:

所保货物如发生保险单项下可能引起索赔的损失，应立即通知本公司或下述代理人查勘。如有索赔，应向本公司提交正本保险单（本保险单共有______份正本）及有关证件。如一份正本已用于索赔，其余正本自动失效。

IN THE EVENT OF LOSS OR DAMAGE WHICH MAY RESULT IN A CLAIM UNDER THIS POLICY, IMMEDIATE NOTICE MUST BE GIVEN TO THE COMPANY OR AGENT AS MENTIONED. CLAIMS, IF ANY, ONE OF THE ORIGINAL POLICY WHICH HAS BEEN ISSUED IN ______ ORGINALS TOGETHER WITH THE RELEVANT DOCUMENTS SHALL BE SURRENDERED TO THE COMPANY. IF ONE OF THE ORIGINAL POLICY HAS BEEN ACCOMPLISHED, THE OTHERS TO BE VOID. SURVEY TO BE CARRIED OUT BY A LOCAL COMPETENT SURVEYOR. CLAIM DOCUMENTS TO BE MAILED TO THE UNDERWRITER, WE SHALL EFFECT PAYMENT BY REMITTANCE TO THE CLAIMANT.

赔款偿付地点：
CLAIM PAYABLE AT ________________
日期：

6．装船通知

SHIPPING ADVICE

TO:

INVOICE No.:________________

L/C No.:________________

S/C No.:________________

DEAR SIRS:

WE HEREBY INFORM YOU THAT THE GOODS UNDER THE ABOVE MENTIONED CREDIT HAVE BEEN SHIPPED. THE DETAILS OF THE SHIPMENT ARE STATED BELOW.

COMMODITY: ________________

NUMBER OF PKGS: ________________

TOTAL G.W.: ________________

OCEAN VESSEL: ________________

DATE OF DEPARTURE: ________________

B/L NO.: ________________

PORT OF LOADING ________________

DESTINATION: ________________

7．汇票

凭

Drawn under________________.

信用证　　　　　　第　　　　　号

L/C No.________________.

日期

Dated________________.

支取 Payable with interest @　　　% per annum 按年息　　付款

号码　　　　　汇票金额　　　　　中国海南　　　　　年　月　日

No.:________________**Exchange for**　　　　**Hainan. China**________________.

见票　　　　　　日后（本汇票之副本未付）付交

At________________sight of this **FIRST** of Exchange (Second of exchange being unpaid) **Pay to the order of**

金额

The sum________________.

款已收讫

Value received

此致

To:________________.

____

____

附录B　根据合同缮制全套单据

【技能目标】

能正确分析合同，掌握制单技巧，提高制单综合能力。

任务实施

步骤一：

请认真阅读合同，根据合同内容写出本信用证的开证银行、开证申请人、受益人、通知银行，以及本信用证的启运港、目的港名称，并分别写出信用证的开证日、交单期、最后装船日和有效期与到期地点。

合同：

温州市对外贸易有限公司

WENZHOU FOREIGN TRADE CO.,LTD

6/F, WUZHOU BLDG, XIAONAN RD, WENZHOU, ZHEJIANG, CHINA

销售确认书

SALES CONFIRMATION

To: PLACO PLASTIC CO.,LTD
670 SASAKUBO-SHINDEN IWATSUKI-KU
SAITAMA-SHI.OSAKA.JAPAN

tS/C No.: LC06-14KC052
Date: MAR 11, 2012
Place: WENZHOU

Dear Sirs:

We hereby confirm having sold to you the following goods on terms and conditions as specified below:

Description of goods and packing	Quantity	Unit price	Total amount
PLASTIC TABLEWARE		CIF OSAKA	
PT006	1 200PCS	USD10.00	USD12 000.00
PT007	1 000PCS	USD12.00	USD12 000.00
PT008	1 500PCS	USD20.00	USD30 000.00
TOTAL	3 700PCS		USD54 000.00

Total Amount in words: SAY U. S. DOLLARS FIFTY FOUR THOUSAND ONLY

Port of loading: NINGBO, CHINA

Port of discharge:	OSAKA, JAPAN
Time of shipment:	ON OR BEFORE JUL 31, 2012
Partial:	NOT ALLOWED
Transshipment:	ALLOWED
Packing:	ONE SET IN ONE CARTON , TOTAL 37 CARTONS ONLY.
Insurance:	TO BE EFFECTED BY THE SELLER FOR 110 PCT OF THE INVOICE VALUE COVERING ALL RISKS AND WAR RISK AS PER ICC（A） DATED 01/01/2010
Terms of payment:	THE WORKABLE PAYMENT（30%）WILL BE MADE BY T/T WITH 7 DAYS AFTER PROFORMA INVOICE EXECUTED. THE BALANCE WILL BE PAID AS D/P AT SIGHT.
Shipping marks:	PLACO/LC06-14KC052/OSAKA/C/NO.: 1-UP
Documents required:	MANUALLY SIGNED COMMERCIAL INVOICE IN TRIPLICATE FULL SET CLEAN ON BOARD BILL OF LADING MADE OUT TO ORDER OF SHIPPER AND ENDOURSED NOTIFY APPLICANT INSURANCE POLICY IN DUPLICATE INSPECTION CERTIFICATE ISSUED BY CIQ PACKING LIST IN TRIPLICATE CERTIFICATE OF ORIGIN

The Seller:

WENZHOU FOREIGH TRADE CO., LTD

陈 生

The Buyer:

PLACO PLASTIC CO., LTD

相 田

其他相关资料：

发票号码：12WFT0718　　发票日期：2012 年 7 月 18 日

提单号码：SHRI120731　　提单日期：2012 年 7 月 31 日

船名：ZHEN HUA V. 004E　　装运港：宁波港

产地证号：SH089216　　商品标号：8704.2000

毛重：每箱 25 千克　　净重：每箱 23 千克

纸箱尺码：47cm×47cm×38cm　　保险单号码：PISH12600578

托收银行：中国银行宁波分行

步骤二：

根据上述已知材料，请认真缮制汇票、发票、装箱单、产地证、提单、保险单等相关内容。

1．汇票

凭

Drawn under____.

信用证 第 号

L/C No._____________________________.

日期

Dated_____________________________.

支取 Payable with interest @ % per annum 按年息 付款

号码 汇票金额 中国宁波 年 月 日

No.:________________**Exchange for** **Ningbo China**____________________.

见票 日后（本汇票之副本未付）付交

At______________sight of this **FIRST** of Exchange (Second of exchange being unpaid) **Pay to the order of**

金额

The sum____.

款已收讫

Value received

此致

To:____________________________.

____________________________.

____________________________.

2．发票

温州市对外贸易有限公司

WENZHOU FOREIGN TRADE CO., LTD

6/F, WUZHOU BLDG, XIAONAN RD, WENZHOU, ZHEJIANG, CHINA

商业发票
COMMERCIAL INVOICE

Messrs:

Invoice No.: ____________
Invoice date: ____________
S/C No.: ____________
S/C date: ____________

Transport details:

Terms of Payment:
SEE BELOW

Marks & Nos.	Description of goods	Quantity	Unit Price	Amount

TOTAL

陈生（章）

3．装箱单

温州市对外贸易有限公司

WENZHOU FOREIGN TRADE CO., LTD

6/F, WUZHOU BLDG, XIAONAN RD, WENZHOU, ZHEJIANG, CHINA

装箱单

PACKING LIST

Messrs:

No.: ____________

Date: ____________

S/C No.: ____________

Transport details:

Description of goods

Marks & Nos.	No. & kind of pgks	Quantity & packing	G. Weight	N. Weight	Measurement
		10PCS　IN 1CTN TOTAL 3 700PCS			
TATOL:					

4．原产地证书

<table>
<tr><td colspan="3">1. Exporter:</td><td colspan="3" rowspan="2">Certificate No.
CERTIFICATE OF ORIGIN
OF
THE PEOPLE'S REPUBLIC OF CHINA</td></tr>
<tr><td colspan="3">2. Consignee:</td></tr>
<tr><td colspan="3">3. Means of transport and route</td><td colspan="3" rowspan="2">5. For certifying authority use only</td></tr>
<tr><td colspan="3">4. Country/region of destination</td></tr>
<tr><td>6. Marks & Nos.</td><td colspan="2">7. Number and kind of packages; Description of goods</td><td>8. H. S. Code</td><td>9. Quantity</td><td>10.Numbers and Date of Invoice</td></tr>
<tr><td colspan="3">11. Declaration by the exporter
The undersigned hereby declares that the above details and statements correct, that all the goods were produced in China and that they comply with the Rules of Origin of the People's Republic of China.

Place and date, signature and stamp of authorized signatory</td><td colspan="3">12. Certification
It is hereby that the declaration by the exporter is correct.

Place and date, signature and stamp of certifying authority</td></tr>
</table>

5．提单

Shipper	**B/L No.** 承运人 ***CARRIER*** 中远集装箱运输有限公司 **COSCO CONTAINER LINES** **Port-to-Port or Combined Transport** **BILL OF LADING**
Consignee	
Notify party	**RECEIVED** in external apparent good order and condition except as otherwise noted. The total number of packages or units stuffed in the value mentioned in this Bill of Lading are to be considered unknown unless the contrary has expressly acknowledged and agreed to. The signing of this Bill of Loading is not to be considered as such an agreement. On presentation of this Bill of Lading duly endorsed to the ***Carrier*** by or on behalf of the Holder of Bill of Lading, the rights (Terms of Bill of Lading continued on the back hereof)

Pre-carriage by	Place of Receipt
Ocean Vessel Voy. No.	**Port of loading**
Port of Discharge	Place of delivery

Marks & Nos. Container No.	**No. of cont. of pkgs**	**Description of goods**	**Gross weight (kgs)**	**Measurement (cdm)**

Total No. of containers or other pkgs or units (in words)

Freight & charges	Revenue Tons	Rate Per	Prepaid	Collect

Ex. rate	Prepaid at	Payable at	**Place and date of issue:**
	Total prepaid	**No. of B(s)/L**	**Signed by**

Laden on board the Vessel: **Date:** **By:**	*As agent for the carrier named above*

6．保险单

PICC 中国人民财产保险股份有限公司
PICC Property and Casualty Company Limited
总公司设于北京　　一九四九年创立
Head Office: BEIJING　　Established in 1949

货物运输保险单 CARGO TRANSPORTATION INSURANCE POLICY

发票号码：　　保险单号：

INVOICE NO.　　POLICY NO.

被保险人：________________

中国人民财产保险股份有限公司（以下简称本公司）要求，以被保险人向本公司缴付约定的保险费为对价，按照本保险单列明条款承保下述货物运输保险，特订立本保险单。

THIS POLICY OF INSURANCE WITNESSES THAT PICC PROPERTY AND CASUALTY COMPANY LIMITED（HEREINAFTER CALLED "THE COMPANY"）AT THE REQUEST OF THE INSURED AND IN CONSIDERATION OF THE AGREED PREMIUM PAID TO THE COMPANY BY THE INSURED

UNDERTAKES TO INSURE THE UNDERMENTIONED GOODS IN TRANSPORATION SUBJECT TO THE CONDITIONS OF THIS POLICY AS PER THE CLAUSES PRINTED BELOW.

标　记 MARKS & NO.S INSURED	包装及数量 QUANTITY	保险货物项目 GOODS	保险金额 AMOUNT INSURED

总保险金额：

TOTAL AMOUNT INSURED:

保费　　启运日期

PREMIUM: ________________　DATE OF COMMENCEMENT: ________________

装载运输工具

PER CONVEYANCE:

自：　　至：

FROM:　　TO:

CONDITIONS:

所保货物如发生保险单项下可能引起索赔的损失，应立即通知本公司或下述代理人查勘。如有索赔，应向本公司提交正本保险单（本保险单共有_____份正本）及有关证件。如一份正本已用于索赔，其余正本自动失效。

IN THE EVENT OF LOSS OR DAMAGE WHICH MAY RESULT IN A CLAIM UNDER THIS POLICY, IMMEDIATE NOTICE MUST BE GIVEN TO THE COMPAY OR AGENT AS MENTIONED. CLAIMS, IF ANY, ONE OF THE ORIGINAL POLICY WHICH HAS BEEN ISSUED IN______ ORGINALS TOGETHER WITH THE RELEVANT DOCUMENTS SHALL BE SURRENDERED TO THE COMPANY. IF ONE OF THE ORIGINAL POLICY HAS BEEN ACCOMPLISHED, THE OTHERS TO BE VOID. SURVEY TO BE CARRIED OUT BY A LOCAL COMPETENT SURVEYOR. CLAIM DOCUMENTS TO BE MAILED TO THE UNDERWRITER, WE SHALL EFFECT PAYMENT BY REMITTANCE TO THE CLAIMANT.

赔款偿付地点：

CLAIM PAYABLE AT ________________

日期：

DATE:

参考文献

[1] 何春秀，王正华．外贸单证习题与项目实训集[M]．北京：中国经济出版社，2013．

[2] 王丽丽．国际贸易单证项目化教程[M]．北京：北京大学出版社，2013．

[3] 全国国际商务单证专业培训考试办公室．国际商务单证理论与实务[M]．北京：中国商务出版社，2013．

[4] 黄嫌姜．外贸单证实训[M]．北京：中国劳动社会保障出版社，2011．

[5] 陆梦清．单证员岗位实训[M]．北京：高等教育出版社，2008．